アメリカは絶対許さない！
「徹底抗戦」で中国を地獄に導く
習近平の罪と罰

石平
Seki Hei

ビジネス社

前書きにかえて

「亡国の君」習近平の運命

中国の歴史上では昔から、**「亡国の君」**だと言われる君主たちがいる。一国の運命を左右する最高権力の座にいながら、為政者意識がまったくなく贅沢《ぜいたく》と淫楽《いんらく》に耽《ふけ》って国を滅ぼしてしまった馬鹿君主もいれば、国家崩壊の危機の到来をつよく意識してそれを何とか食い止めようと努力はしたが、本人が暗愚《あんぐ》であるからやっていることはすべて裏目に出て、努力すればするほど国家の危機が深まり、結果的には国の崩壊を早めたという悲劇の君主もいる。

明王朝最後の皇帝である崇禎帝《すうていてい》は後者の典型である。彼が十代後半で即位したとき、明王朝はすでに深刻な経済・政治危機に陥っているが、政治を何とか立て直すためには崇禎帝は実によく頑張った。官僚たちの腐敗を徹底的に取り締まって政治の粛正を行い、農民一揆《いっき》の沈静化にも全力をあげて対処した。

しかし残念ながら本人はやはり暗愚であった。能力があって忠誠心の強い大臣たちに疑心暗鬼してことごとく排斥し粛清し、耳元に良いことしか言わない無能な側近しか信用しない。結局、即位してからわずか16年で国が滅び、崇禎帝自身は紫禁城《しきん》の裏山で首つり自殺を余儀なくされた。

これで崇禎帝は、努力したものの国を滅ぼしたという「亡国の君」の一人に数えられることとなったが、今になってからは実は、この崇禎帝とよく似ているような暗君の一人がこの中国で現れているのである。そう、中国共産党政権の頂点に立つ独裁者で、実質上の「**皇帝**」となった習近平国家主席その人なのである。

２０１２年11月に共産党トップとなった当初、習主席は為政者としては実に良く頑張った。彼はまず、前任の胡錦濤政権時代に深刻化した幹部たちの腐敗問題に全力を挙げて取り組み、長期間にわたる大規模な腐敗撲滅運動を展開した。その一方、この腐敗摘発運動を政争の武器にも使って敵対派閥を徹底的に叩き潰して彼自身の独裁体制を強化した。そのなかでは習主席はまた、自分の幼なじみや地方勤務時代の元部下などを大量に政治の中枢に抜擢《ばってき》してきて彼というワンマン独裁者を頂点とした側近政治を行うこととなった。

しかしそれ以来の習近平政治はまさに崇禎帝のそれとは同じく、何をやっていても裏目に出て失敗と失策の連続となった。莫大なお金を投じての鳴り物入りの「一帯一路」はアジアのあちこちで恨《うら》みと反発を買い、プロジェクトの中断・見直しが相次いだ。西側先進国からも「新植民地主義」として厳しく批判され、**「習近平の闇金融」**という悪名が世界中に広がった。

習主席は就任当時、対米関係に関しては「新型大国関係の構築」を掲げてアメリカと対等に渡り合う意気込みを示したが、それが逆にアメリカの対抗心を刺激し、米中対立時代の到来を招く一因となった。そしてトランプ政権が対中貿易戦争を発動してから、側近以外は信用できない習主席は、その側近のなかの側近である劉鶴副首相を対米交渉の責任者に起用した。しかしその結果、米中貿易協議が進むに従って、米中貿易戦争はむしろ拡大する一方の道をたどり、今や米中対立はすでに、経済・技術・軍事戦略のあらゆる方面に拡大して米中関係が悪化する一方である。

そして米中貿易戦争の拡大はまた、すでに衰退の道に入った中国経済に追い打ちをかけることとなって、去年から今年にかけて中国経済の沈没は、よりいっそう早まることとなった。共産党独裁政権の支える経済という土台は、すでに習近平の足下から崩れ始めているのである。

今年の夏になってから、香港市民の抗議行動はますます激しくなって香港全体は混乱を深めてきている。そしてこの原稿を書いている8月16日現在では、習政権は依然として、事態収拾のための決め手を打ち出せずにいるのである。

こうしてみると、今の習近平政権はまさに四面楚歌《しめんそか》、内憂外患《ないゆうがいかん》の状況であるが、そのかなり多くの部分は当然、習主席自身の指導者としての暗愚さに由来することである。頭がそれほど良くないが、政治・経済・外交のすべてを自分の独占事項にして一人ですべてを決める。そして決めるに当たっては正直な批判や意見を聞き入れずに、側近とイエスマンたちの甘い進言にしか耳を傾けない。それでは彼の政治と外交は失敗を重ねていくのはむしろ当然の結果であるが、強大な独裁者である故に、彼の失敗と失策にたいして誰も簡単に諫《いさ》めることもできないし、それを直すのはなかなか難しい。

これで中国という国は、習近平という愚昧《ぐまい》な指導者の下でますます悪い方向へと向かい、国運が傾く一方なのである。

まさに本書の題名が示したように、中国を地獄へと導いているのは習主席その人であるが、さらに悪いことに、今の中国共産党政権内では国を救うために「**亡国の君**」である習主席に取って代わろうとする人もいない。他の指導者たちはただ、習主席の失敗と失策を冷ややかな目で見ていて、その失敗を楽しんでいるだけである。

それでは中国は滅びる以外にはないし、習近平は確実に「亡国の君」となろう。前述の崇禎帝は亡国するまで16年も在位したが、習近平にはおそらく、それほどの長い時間はない。このままでは5、6年間、習主席にさらに頑張ってもらって、中国共産党政権を潰してくれれば、彼はまた、別の意味での「**偉大なる指導者**」として歴史に残るのではないか。

習近平さんよ、頑張れ！

令和元年8月16日、旅先の台湾にて

石　平

序章　中国の本音とアメリカの本音

第1章

習近平独裁体制の致命的弱点

第2章

本心では対米徹底抗戦は絶対に避けたい習近平

第3章

昨年の中国のGDP成長率は一%台だったという衝撃

第4章 市井の中国人を絶望の淵に追いやる不動産市場の大失速

第5章 アリババ・馬雲引退に見る中国企業家の悲哀

第6章 中国政府にとり至上命題となった「孟晩舟救出」

第8章

習近平が目指す新たなる「長征」と「持久戦論ブーム」

第9章

「第二の江青」誕生の恐怖

誰かの〝添え物〟として生きてきた習近平

いずれ習・彭夫妻に政治を牛耳られる異常事態が訪れる

閑話休題

序章

中国の本音とアメリカの本音

屈辱の色に染め抜かれた「中国屈辱の一〇〇年史」

近代以前のアジアにはたしかに中国を頂点とする華夷《かい》秩序が存在していた。日本は一度たりとも中国に朝貢《ちょうこう》しなかったが、中国周辺の朝鮮、琉球王国、ベトナム、チベットなどは朝貢に励み、中国を頂点とした華夷秩序に従っていた。

中国人にしてみれば、そのような時代こそがきわめて心地よい時代であり、しかも〝正しい〟秩序であったと大半の中国人はいまでも思い込んでいる。

ところが近代を迎えると様相が一変した。産業革命を興して抜きんでた技術力を備えたイギリス、フランス、ドイツなどの西洋列強が広大な市場を求めてアジアへと向かってきたからである。特にイギリスとフランスは中国に狙いを定めて戦争を仕掛けた。

アヘン戦争をはじめとする戦いで、中国は西洋列強に完膚《かんぷ》なきまでに打ちのめされ、かつての栄光ある地位からまっさかさまに転落した。一時は西洋列強の植民地のような扱いを受けた。

中国を虐げた国は西洋列強以外にもいた。それが極東の小国、日本であった。中国にしてみれば、昔からさまざまな恩恵を与えてやり、文化も伝えてやった。しかし近代になり明治時代を迎えてからの日本は、生意気にも西洋列強と徒党を組んで、中国を苛《いじ》め抜いた。

中国人はよく「**中国屈辱の一〇〇年史**」という言葉を使う。イギリスがアヘン戦争を仕掛けてきたのが一八四〇年で、太平洋戦争で日本が降伏し日中戦争が終わったのが一九四五年であった。この一〇〇年あまりの歴史は中国人にとりすべて屈辱の色に染め抜かれたものであったと言っていいだろう。「中国屈辱の一〇〇年史」にはそのような意味が込められている。

だから、習近平《しゅうきんぺい》が唱える「偉大なる中華民族の復興」とは、中国が、そして中華民族が近代以来受けてきた大きな屈辱をいったんすべて清算して、そのうえで近代以前にあった中国の栄光ある地位を取り戻すことにほかならない。

要はもう一度世界の頂点に立って、もう一度アジアを仕切る、支配する。それが中華民族の復興の〝完成〟ということになる。

「中国製造2025」「一帯一路」「南シナ海の軍事拠点化」は、新たなる華夷秩序の構築のための三点セット

そのために習近平政権は発足以来七年間、偉大なる中華民族の復興のための国際戦略を

推し進めてきた。その主柱は三本ある。ひとつ目は「**中国製造2025**」。二〇二五年までに中国のＡＩ（人工知能）・ＩＴをはじめとする最先端技術を備える製造業を世界一の水準に育てあげ、今後の世界をリードしていくことである。

私に言わせると、中国が近代産業革命以来失った産業界におけるリーダーの役割を取り戻したいと願っているのはわかる。本来なら中国が自前で自国産業を育成して世界一になればいいわけだが、問題はその手法だ。中国のやり方は汚い、ダーティそのもの。

これは中国人のキャラクターかもしれないけれど、昔からコツコツと努力を重ねて成果を追求する技術開発は大の苦手である。そんな面倒なことは誰もやりたくはない。中国人にすれば、技術とは自分たちで開発するものではなく、いろいろな手練手管を弄《ろう》し、あちこちから盗んでくるものなのである。

だから「中国製造2025」についても、ありとあらゆる手段を用いて、いや手段を選ばず、世界中から先端技術をかき集めて、国内産業を育てるのが中国流といえよう。アメリカが中国に貿易戦争を仕掛けた最大の原因は、この中国流をもはや看過できなくなったからであった。

ふたつ目が「**一帯一路**」である。これは中国政府が設立したＡＩＩＢ（アジアインフラ投資銀行）が融資を受け持ち、アジア全体、アフリカやヨーロッパの一部を巻き込み、道路、鉄道、港湾、都市開発などの巨大投資プロジェクトを展開するもの。そうすることで中国はアジア全体、およびアジアに隣接する地域に対し、経済的影響力を徐々に強めていく。いずれはそれらをまとめて中国を頂点とする経済圏、あるいは中国を頂点とする経済秩序を構築するのが真の狙いである。

要は、昔の華夷秩序の経済版と考えていいだろう。「一帯一路」についてもやはり中国らしく、やり方が非常に汚い。周知のとおり、ＡＩＩＢを通して経済力に乏しい開発途上国に貸し付けた融資の返済が滞れば、中国はそのペナルティとして相手の軍事上、交通上の要衝地《ようしょうち》を九九年間運営する権利をちゃっかり獲得している。いま、これは中国が仕掛けた**「債務のワナ」**と呼ばれている。

私はふだんは大阪で暮らしているのだが、大阪の地には「ナニワ金融道」という滅茶苦《めちゃく》茶《ちゃ》な取り立てをする流儀が根付いている。中小企業の経営者にはじめから返済不能とわかりきっている大金を貸し付ける。相手が降参すると、ペンペン草も生えないほど何もかもむしり取ってしまう。この手口は一帯一路と瓜二つといえる。習近平は一帯一路を使って、経済版華夷秩序の再建を進めているわけである。

三番目は**「南シナ海の軍事拠点化」**。ここ数年間、中国は南シナ海のあちこちに人工島を築き、そこに滑走路を敷き、軍事施設を着々と建設してきた。

なぜ中国は、南シナ海全体を軍事支配下に置きたいのか。海底資源の確保？ その程度の話ではまったくない。現在、世界の地政学上、南シナ海ほど重要な海域はないからだ。

言うまでもなく、貿易なしで生きていける国は皆無である。そんな状況下、いま世界の全貿易の半分が南シナ海ルートを利用しているという現実が横たわっている。

日本の一次エネルギー供給の約四割を占める石油。そのうちの八七％を中東からの輸入に依存し、ほとんどが南シナ海を通って大型タンカーで日本に運ばれる。つまり、日本のみならずアジア諸国にとり生命線となるシーレーンが南シナ海なのだ。

一方、中国にしてみれば、南シナ海の軍事支配に成功すれば、日本を含めてアジアの国はどこも中国に楯突《たてつ》くことはできなくなってしまう。それどころか、中国を頂点とした政治秩序のなかに入り、中国に従って生きていくしかない。

つまり、中国が南シナ海さえ押さえてしまえば、政治的な意味における新たなる華夷秩序がおのずと出来上がってしまうわけである。

そういう意味では、「一帯一路」と「南シナ海の軍事拠点化」は決して無関係ではない。

むしろ両輪といえよう。中国は経済と政治・軍事の両面から攻め立てることで、アジア支配の完遂を目論《もくろ》んでいると考えるのが自然である。

また、その一方で「中国製造２０２５」を推進することにより、今後のイノベーションをめぐるアメリカとの覇権争いをリードしていく。これらの国際戦略を習近平政権はいままで進めてきたし、今後もその方向性は不変であろう。

アメリカは「中国製造2025」の達成を絶対に阻止する

私の理解では、このような中国の国際戦略に対して、アメリカははっきりと「ＮＯ！」を突き付けた。「中国を許さない。中国を潰《つぶ》してしまえ」とアメリカが立ち上がった。これが米中対立の起点となった。

私は、アメリカは中国が掲げる「中国製造２０２５」の達成を絶対に許さないと考える一人である。ＡＩや半導体などのハイテク、次世代情報技術、バイオなどの先端産業分野で覇権を中国が奪ったらどうなるか。とりわけ情報の世界を独裁国家の中国がリードするような事態に陥れば、自由世界は悪夢に包まれてしまう。だからアメリカは絶対にそれを阻止するはずだ。

加えて、中国の技術開発に対する考え方、導入手法についてもアメリカは絶対に承服できない。先にもふれたが、中国は悪事を含めたあらゆる手段を使って先端技術を獲得してきたからである。

中国に進出する外国企業に対し技術移転を強要する。産業スパイや中国人研究者に世界中の研究室、企業から最新技術を盗み出させるなど、中国による知的財産の侵害は日常茶飯に行われていると言っても過言ではない。

おまけに中国は**「国家情報法」**という法律まで制定した。これは国の情報活動にいかなる組織、個人も協力する義務があるというもので、換言すれば「国民総スパイ法」になる。「中国製造2025」の先頭に立つ国策企業の代表はあのファーウェイである。ファーウェイ潰しは、当然ながら、アメリカの対中戦略のひとつにほかならない。

オバマ時代に始まったアメリカのアジア重視戦略

もうひとつ、絶対にアメリカが許さないのは、中国によるアジア支配であろう。アジアはアメリカにとってもきわめて重要な地域であるからだ。アメリカがアジアにおける多大な影響力を持っていることが、世界一の大国のプレゼンスを保つ裏付けとなっている。

香港のデモは8月に大規模なストライキとなって、機動隊とデモ隊の衝突も起こった。きっかけは中国本土への容疑者移送を可能にする逃亡犯条例の改正だった

アメリカのアジア重視は歴史が物語っているではないか。これまでアメリカが戦争をし、自国の若者たちがもっとも多くの血を流したのがアジア地域であった。

アジアの主導権を握るために、アメリカはあれほどの犠牲を払って大日本帝国を潰した。日本との戦争を終えると、アメリカは国連軍の中核として朝鮮戦争に参戦した。これは理論的にはいまも休戦中であり、いまだに戦争は終結していない。

共産勢力が朝鮮半島を呑み込もうとしていたことから、アメリカは中国共産党軍が支援する北朝鮮軍と一九五〇年から丸三年間、戦った。さらにアメリカは一九五五年から二〇年間も続いたベトナム戦争に参加、ここでも莫大な犠牲を払うこととなった。

アメリカのアジア重視が鮮明になったのは現在のトランプ政権下ではなく、オバマ政権時代からであった。すでに中国はアジア支配を目指して動き始めていたことから、オバマは習近平に対して、はっきりと「NO！」と言い放ち、中国側が望むG2の時代、米中大国関係の構築についても完全否定した。

トランプの中国叩きを遅らせた北朝鮮問題

アメリカが中国への警戒感を露わにしたのは二〇一一年にオバマ前大統領が発表した「**リバランス戦略**」であった。

リバランス戦略の別名は「**アジア回帰**」。アメリカにしてみれば、中国の台頭によりアジアのパワーバランスが崩れた。そこでアメリカはもう一度アジア重視に戦略を転換、アジアにおけるパワーバランスを取り戻すことを決めたのだった。

したがって、米中の対立はトランプが昨年戦端を開いた貿易戦争ではなく、二〇一一年時点から始まっていたことになる。

ただ、世界が刮目《かつもく》するような波風は立たなかった。なぜか。オバマは戦略家だし、頭も優秀だけれど、行動がともなわない大統領であったからだ。結果的には、中国のアジアでのプレゼンス拡張を許してしまった。

二〇一七年一月に大統領に就任したトランプは選挙戦中から対中批判、中国叩きを掲げていた。就任早々、貿易問題、台湾問題などを持ち出して一気に緊張が高まった。ところがこの時期に北朝鮮危機が浮上してきた。トランプはそれに集中対処するため、中国叩きをいったん棚上げした。逆に習近平に対してツノを隠し、北朝鮮問題の解決のために協力を求めた。

二〇一八年に南北首脳会談が行われ、その流れのなかで米朝首脳会談が実現、北朝鮮との緊張関係が大幅に緩和された。北朝鮮がおとなしくなったところで、アメリカは本来の戦略に軌道修正した。それは、まずは経済面で中国を徹底的に弱らせ、覇権の夢を捨てさせ、結果的に習近平を潰すことであった。

本書のなかで詳述することになるが、昨年七月にアメリカは中国に対して正式に貿易戦争に突入すると宣言した。三四〇億ドル分の中国からの輸入製品に対して二五％の制裁関税を課した。八月には第二弾を発動、さらに一六〇億ドル分の中国製品に二五％の制裁関税を課した。

中国はどう応戦したのか。本来、この貿易戦争に関して、中国には勝ち目はない。種明かしは実に簡単だ。アメリカはこのところ中国から総額五五〇〇億ドル分の中国製品を輸入している。したがって理論的には五五〇〇億ドル分の中国製品に制裁関税を課すことが可能である。

かたや中国は一三〇〇億ドル分しかアメリカ製品を輸入していない。いくら頑張って追加関税を課しても、一三〇〇億ドル分以上にはならない。要は制裁合戦で受けるダメージがまったく違うわけである。

さらに両国の経済における体質の差異があろう。アメリカ経済は対外貿易依存度があまり高くなく、ＧＤＰの七割は内需がカバーしている強みを持っている。中国の場合はまったく違っていて、内需はＧＤＰの三五％しかなく、残りの六五％を輸出と不動産投資（固定資産投資）に頼ってきた。

そのうえ、アメリカが中国から輸入しているモノは代替が利く。近年、中国の人件費が急速に上がってきたことから、中国に進出した外資企業が近隣のベトナム、ミャンマー、バングラデシュなどへ生産拠点を移した。アメリカはそこから中国製より安い衣料品、日用品などを輸入すればこと足りる。

ところが、中国がアメリカから輸入している製品については半導体部品はじめ代替品を見つけるのは難しい。その典型例は二〇一八年四月、イランに対する禁輸措置に違反した中国の通信大手ZTE（中興通訊）に見ることができる。アメリカ商務省がZTEに対するアメリカ製品の禁輸措置に踏み切ると、それからたった四日後、「このままではわが社は生産停止に陥る。九万人の社員は路頭に迷うことになる」とZTEの殷一民《イエンイーミン》会長はあっさりと白旗をあげた（その後、会長職を辞任）。

そのアメリカ製品とは、クアルコム社から同社に供給されるハイレベル集積回路、スマホなどの端末機器の心臓部に必須の部品であった。こうした肝心要のモノをアメリカに頼っている現実を満天下に晒《さら》された中国は赤っ恥をかかされたわけである。

中国の集積回路の輸入額は二六〇〇億ドル（二〇一七年）におよび、なんと同年の中国の原油輸入額の約一・六倍にも達する。こんなアキレス腱《けん》を持ちながら、「中国製造2025」は達成できるのかと、当時、疑念を呈した人は多かったはずだ。

賢くないリーダーが招いた米中貿易戦争

以上述べてきたように、今回の貿易戦争には中国の勝ち目などまったくない。

賢いリーダーならば、勝ち目のない戦争には最初から関わらないはずだ。いくら相手が挑発してきても、ひらりひらりと体をかわし、相手にしない。それが常道、セオリーであろう。

幸か不幸か習近平という指導者は、賢明にはほど遠い人物だ。アメリカからちょっかいを出されると、**「やられたらやり返す」**と単純に応戦してしまった。トランプが制裁関税第一弾を発動すると、習近平は報復関税を発動した。第二弾も同様の形であった。

もしトランプが制裁関税第一弾を発動したときに、習近平が応戦しなかったらどうなったか？　トランプは第二弾を発動できなかったはずだ。むやみに応戦してしまった結果、トランプは昨年九月に第三弾、いきなり二〇〇〇億ドル分の中国製品に対する一〇％の制裁関税の発動に踏み切った。

第一弾、第二弾、第三弾を合わせると、アメリカ側の制裁関税は二五〇〇億ドル分となるわけだが、これは中国からの年間輸入総額五五〇〇億ドルの半分にも満たない。このときもやはり中国は報復関税を発動したが、六〇〇億ドルにとどまった。

ここで勝負あったということになる。中国側の年間輸入総額は一三〇〇億ドル。第一弾と第二弾で五〇〇億ドル、第三弾で六〇〇億ドル分に追加関税を発動したのだから、残りはたった二〇〇億ドル分しか残っていない。まさかここで手持ちをゼロにするわけにはいかない。お手上げである。

その後、昨年一二月、アルゼンチン・ブエノスアイレスで行われた米中首脳会談において、習近平はトランプに泣きついた。「アメリカの要求を受け入れるから貿易戦争にピリオドを打ってくれ」と。そこまで習近平は窮地《きゅうち》に陥っていた。

その場である意味、トランプは譲歩した。譲歩の意味は、本来であれば第三弾の二〇〇〇億ドル分の中国製品に対する一〇％の制裁関税を二〇一九年一月一日から二五％に引き上げることになっていたのを猶予《ゆうよ》するというもの。

そのかわりに、昨年一二月から米中貿易協議を開始することになった。同協議は今年四月の段階で、中国はアメリカの要求をほぼ呑んでしまった。合意文書の内容もほぼ完成、アメリカ側の話では九〇％まで合意ができていたという。正式合意はいつか？　そんな楽観論が国際社会でささやかれ出したが、そうは問屋が卸さない。

習近平が、中国側の閣僚が合意したものをすべてひっくり返した。まさにちゃぶ台返し。それに怒ったトランプは五月一〇日、第三弾、二〇〇〇億ドル分の中国製品に対する制裁関税を二五％に引き上げた。

ここまで今回の米中貿易戦争に至った経緯、内包する問題を記してきた。第1章、第2章はその続編にあたるものなので、このまま一気に読み進めていただきたい。

第1章

習近平独裁体制の致命的弱点

中国にとり屈辱的だったブエノスアイレス合意

一時休戦にはならなかった貿易戦争

まずは米中貿易戦争が本格化した要因とされる昨年一二月一日（現地時間）にアルゼンチン・ブエノスアイレスで行われた米中首脳会談の合意内容をさらってみたい。

ブエノスアイレス合意に関するアメリカ側の声明によると、中国側はまず対米貿易黒字を減らすため、アメリカ産の農産品、エネルギー、工業製品などを大量購入することを約束し、農産品については即刻購入を開始するとした。

その一方、アメリカ側は今年一月一日に予定されていた、二〇〇〇億ドル分の中国製品に対する制裁関税の一〇%から二五%への引き上げを一時的に見送ることにした。しかし、その条件としてアメリカ側が掲げた要求は以下のとおり。

①米企業への技術移転の強要
②知的財産権の保護

③非関税障壁
④サイバー攻撃
⑤サービスと農業の市場開放

これら五分野での両国間協議を中国に迫り、今後九〇日以内に（一二月一日から数えれば今年二月末までに）結論を得るとした。それまでに合意できなければ、二〇〇〇億ドル分の中国製品に対する関税は従来どおり、一〇％から二五％に引き上げるとした。

以上は、貿易問題に関する米中合意の骨子であるが、かねがね私が指摘してきたとおり、これは貿易戦争の収束には程遠いものであることは明らかだ。

合意のなかでアメリカ側が表明したのは追加関税の引き上げの一時的見送りにすぎないし、今年二月末までの両国間協議が不調に終われば、追加関税の引き上げは断行されるはずであるからだ。

しかも、追加関税の引き上げは別として、実施中の制裁関税はそのまま継続していくこととなるから、米中間の貿易戦争はこの合意では「一時休戦」にすらなっていない。合意ができたとしても、「戦争」は続いているわけである。

制裁カードを何枚も懐に忍ばせるアメリカ

もうひとつ重要なことは、アメリカ政府の声明は、今後九〇日以内に前述の両国間協議が合意に達しなかった場合、アメリカとしては追加関税を一〇％から二五％に引き上げることを明言したのだが、仮に合意に達した場合、それまで実施してきた制裁関税をどうするかについては何も言っていない。たとえば米中協議が何らかの合意に達したとしても、すでに実施中の制裁関税が継続する可能性は十分にあるわけである。

このような合意の内容から、私にはトランプ政権の戦略が透けて見えてきた。この追加関税引き上げの一時見送りは結局、前述の五つの分野での協議に中国を引っ張り出し、中国に〝**全面降伏**〟を迫るための手段なのであった。

これらこそはアメリカの最大の関心事であり、この五つの分野における中国の「悪行」を改めさせることは、トランプ政権が貿易戦争を起こしたことの、そもそもの目的であるからだ。

トランプ政権は追加関税引き上げの猶予期限を設けて、この期間内で五つの分野における中国の不当なやり方を変えていくよう迫った。

およそトランプ政権にとっては、それまでの制裁関税の発動はむしろ貿易戦争の前哨戦《ぜんしょうせん》であり、本格戦のための準備であったはずだ。制裁関税を発動して経済的に中国を追い詰めたうえで、「追加関税を見送るかもしれない」とニンジンもぶらさげて、九〇日間の短期決戦の期限を自ら設けて一気に本丸に攻め込み、習近平に全面降伏を迫ったわけである。

そういう意味では、ブエノスアイレス合意はトランプ政権にとり貿易戦争の緩和や収束を意味するものではなく、むしろ本格的な戦いの〝**開始**〟であった。

もちろん、アメリカの攻勢に対し、中国側が最後のところで踏ん張って全面降伏を拒否し続けることはありうる。しかしその際、予定どおりに追加関税の引き上げを断行して貿易戦争を拡大するという選択肢はトランプ政権にある。

しかも、そのときに貿易戦争の拡大を断行しても国際社会の批判の矛先はおそらくトランプ政権に向くことはない。なぜなら、中国に猶予期間を与えたことで、トランプ政権は貿易戦争の収束に向かってすでに「尽力した」ことになっているからだ。

そして今後、もし中国側が降伏しなければ、すでに発動した二五〇〇億ドル分の中国製品に対する制裁関税以外に、アメリカはさらなる制裁関税を新たに課すこともできる。したがって、トランプ政権はその気になればいくらでも中国を追い詰めることができるし、手持ちのカードは何枚もある。要は中国が全面降伏しない限り、貿易戦争はいつまでも続くのであろう。

国内向けには伝えられなかった習近平が課せられた宿題

このようにトランプ政権は絶対的な優位に立って中国を追い詰めていく最中であったが、一方の中国側と習近平は惨《みじ》めな立場にあるといえた。

昨年一二月一日のブエノスアイレス合意は、習近平と中国にとっての屈辱の**「城下の盟《ちかい》」**（屈辱的な降伏の約束）そのものであった。アメリカの農産品、エネルギー、工業製品を「大量に買う」との約束までさせられて、やっと手に入れたのはアメリカからの追加関税引き上げのしばらくの猶予でしかなかった。しかもその代わりに、今年二月末までにアメリカの要求に応じて、アメリカが指定した五分野で自分たちのやり方を変えていかなければならないのだから。

そんなものはもはや国家間の対等な交渉ではない。習近平の立場はあたかも、出来の悪い生徒が先生から大変な宿題を与えられて、「九〇日以内に宿題を提出しなければ処罰するぞ」と脅されているようなものである。

ブエノスアイレス合意の翌日、中国政府とメディアは国内向けにおいては、「追加関税引き上げの九〇日間猶予」をいっさい伝えず、この事実を国民に完全に隠蔽《いんぺい》した。こうしたリアクションは合意内容が習近平と中国にとりどれほど屈辱的であったかを裏付けるものだ。

しかし、それほどの屈辱であったにもかかわらず、習近平はやはりアメリカと合意せざるをえなかった。それこそは、中国がアメリカ発動の貿易戦争により追い詰められている何よりの証《あかし》であろう。

ともあれブエノスアイレス合意により、習近平の首の皮一枚がつながることとなったが、彼にとって大変なのはこれからであった。強面《こわもて》の「トランプ先生」によって大変難しい宿題を押し付けられ、それを全部やり遂げて「トランプ先生」の採点に運命を委《ゆだ》ねているからであった。

しかしアメリカが問題視した五分野での中国の悪行、米企業への技術移転の強要にしても、知的財産権への侵害にしても、国有企業の保護などの非関税障壁の設置にしても、サイバー攻撃の実施にしても、そしてサービスと農業市場の開放にしても、いずれも習近平政権としてはそう簡単にやり方を変えられるものではない。

この五つの手口をすべてやめてしまえば、習政権が目指す「中国製造２０２５」の「技術強国の夢」も「民族の偉大なる復興」も台無しになるだけでなく、国有企業などの経済基盤を失って共産党政権が潰れる可能性さえあるからだ。

手詰まりとなってきた中国側の報復手段

したがって、中国政府がアメリカの要求に応じて上述の悪行を改めることに着手できるかどうかはきわめて疑わしく、これについての米中協議はかなり難航することは、この時点から予想できた。

とりあえず中国側は、五分野での米中協議に応じていく姿勢を見せた。そうすることによって時間稼ぎをしながら、アメリカ内部と国際情勢の変化をうかがいながら、何らかの誤魔化しの手当てを講じる構えであった。だが、それはしょせんポーズで、時間稼ぎでしかなかった。

二月二四日、トランプ大統領は三月一日としていた交渉期限を延長させることを表明した。

あとで詳しく論じるつもりだが、五月一〇日、米中通商協議は折り合わず、中国が九割完成していた合意文書案の全七章を大幅に修正してアメリカ側に送りつけた。これに反発したアメリカは二〇〇〇億ドル規模の追加関税（第三弾）を一〇％から二五％に引き上げた。

中国も報復として、六月一日からLNG（液化天然ガス）などへの六〇〇億ドル規模の追加関税を二五％に引き上げ、アメリカからの輸入を制限したが、追加で打てる手段が手詰まりになっているのは否めない。

「中華民族の偉大なる復興」の提唱者が晒し者になる日

いくつもあった腑に落ちぬ点

本年二月二一日から二四日まで行われた米中閣僚級貿易協議の終了後、トランプ大統領は、「構造問題などで実質的な進展があった」とツイッターで述べ、三月一日の交渉期限を延長すると表明した。

トランプはツイッターで「知的財産権保護や技術移転、農業、サービス、通貨などを含む構造問題」について協議が進んだとし、「喜ばしい」と歓迎した。同時に三月中には中国の習近平国家主席をトランプ自身が米南部フロリダ州に持つ別荘に招待して、習主席と首脳会談を開いて最終合意を目指す考えを示した。

これを受け、中国国営新華社通信は「合意文をめぐって交渉を進め、技術移転、知的財産保護、非関税障壁、サービス、農業および為替相場など具体的な問題で実質的な進展があった」とする中国側の声明を公表した。今後の交渉については「米中双方は両国首脳の指示に従って次の仕事に取り組む」とした。

双方による発表から、腑《ふ》に落ちない点がいくつかあった。

双方が「進展があった」と発表したものの、「進展」の具体的な内容については双方からの言及はまったくなく、アメリカ側ではトランプ大統領のツイッター以外に正式の発表も声明もなかった。

「進展があった」とはいえ、貿易協議は最終的な合意に達しなかったことは紛《まぎ》れもない事実であった。そうなると、閣僚級協議の継続は当然必要であろう。

けれども、この時点において次の閣僚協議がいつ開催されるか、あるいは開催されるかどうかについて、双方からの発表も言及もいっさいなかった。加えて、トランプ大統領自身が表明した交渉期限の延期はいつまでの延期であるかも不明であった。

トランプ大統領の発言は雲をつかむようなものに等しかった。二月二四日夜、ホワイトハウスで開かれた別関係の式典で、米中貿易協議について「すべてがうまく進めば、一、二週間内にとても大きなニュースがある」とも語ったが、それは具体的に何を指しているかは不明であった。

二五日には別の場面で、合意実現に「きわめて近い」との楽観的な見方を表明する一方、「合意にいたらぬ可能性も残されている」とも語った。

こうしてみると、米中貿易協議は「大きな進展があった」とのことで国際社会に安堵《あんど》を与えたようであったが、協議が最終的に本当に合意に達することができるかどうかは依然として不明であって、閣僚級協議がいつ再開されるのか、交渉期限の延期はいつまでか、米中首脳会談が本当に実現されるのか等々、この時点では確実なことはひとつもなく、すべては宙に浮いたままであった。

そこで浮上してきた可能性としては、三月中にもう一度米中閣僚級協議を行って合意案をある程度固めたのち、米中首脳会談による最終決着をつけることであった。

アメリカに屈したことを証明する結果となる次の米中首脳会談

どうやらトランプ大統領はこのシナリオを本気で考えていたようだが、私は、習主席はこれに応じないと確信していた。

なぜか？　三月中の米中首脳会談の開催はあくまでもトランプ大統領が一方的に示した考えであり、習主席自身を含めて中国側はこれに関する言及はいっさいなかったからだ。新華社通信が伝えた前述の中国政府の声明は、今後の交渉について「米中双方は両国首脳の指示に従って次の仕事に取り組む」と述べただけである。

要するに、トランプ大統領が米中首脳会談で決着をつけることを目指しているのに対し、中国側はそれに積極的に応じる姿勢をいまだに示していなかった。どうやら習主席自身は、アメリカへ赴いてトランプ大統領との会談に臨むべきかどうかで依然として迷っているようであったのだ。

その理由はやはり、かねがね私が指摘してきたことに収斂《しゅうれん》する。習近平は自らがトランプ大統領と「城下の盟」を結ぶことで、自身の**政治的権威が傷つく**ことを恐れているからにほかならない。

この時点までの米中貿易協議の進展は、「知的財産権保護や技術移転、農業、サービス、通貨などを含む構造問題」をめぐる協議の進展であることは周知のとおりであるが、これらの分野での進展はすべて、中国側が大いなる〝譲歩〟をできるかどうかにかかっている。

つまりアメリカ側は一方的に中国内部の「構造改革」を迫り、中国側は一方的に譲歩してアメリカの要求を呑《の》んでいく、という構図である。アメリカに赴き首脳会談を行うことイコール、アメリカへの譲歩、アメリカに屈したことを証明するようなものだ。

しかしながら、アメリカに迫られて自分たちの国内システムを変えていくような譲歩は、中国政府と中国人にとっては屈辱であり、主権が損なわれるような深刻な事態である。このような譲歩を行ったことで、中国政府は国内の厳しい批判に晒《さら》されることも予想された。

「現代の李鴻章」の汚名を背負いたくない習近平

進むも地獄、退くも地獄

実際、米中貿易協議の結果が二五日に国内で発表された当日、北京大学中文系（文学部）教授の孔慶東《こうけいとう》は自身のツイッターで、米中貿易協議の中国代表の劉鶴《りゅうかく》副首相を名指して、

「李鴻章《りこうしょう》以下だ」と批判したことがネット上で大きな話題となった。

李鴻章は、清《しん》王朝晩期の重臣。北洋大臣として二〇年間清国の外交を司った人物である。日清戦争で清国が日本に完敗したのち、李鴻章は日本側との交渉にあたり、「下関条約」に署名した。同条約により中国の領土であった遼東《りょうとう》半島と台湾が日本に割譲されたことで、当事者の李鴻章は「喪権辱国」（国権を喪失させ国を辱めること）の張本人にされ、現在にいたっても罵声《ばせい》を浴びる存在である。

北京大の孔教授が劉鶴のことを「李鴻章以下」と罵倒したことは、要するに米中貿易協議における中国側の譲歩を「喪権辱国」だと批判したことに等しい。それは当然、孔教授だけの意見ではなく、国内一部勢力の声を代弁しているのであろう。

こうした状況下、アメリカへ出向きトランプ大統領との会談で貿易協議に決着をつけることに対し、習近平がおおいに躊躇《ためら》うのは肯《うなず》けよう。

劉鶴が最初から最後まで貿易協議にあたり何らかの合意に達した場合、国内で「李鴻章」として批判されるのは劉鶴のほうであろう。だが、もし習近平がわざわざアメリカへ出向いてトランプ大統領と「城下の盟」を結ぶならば、「現代の李鴻章」の罵声を浴び、歴史的に悪名を残すのは習近平自身となるはずだ。

「中華民族の偉大なる復興」を自らの政治看板とする習近平としては**「看板倒れ」**もいいところで、指導者としての威信は台無しになろう。いまや大独裁者となって自らの歴史的評価を気にする習近平は現代の李鴻章として晒し者になるのを誰よりも嫌がる。

だから、トランプ大統領に会いにアメリカに行きたくないのは偽《いつわ》らざる習近平の本音であったと思われる。だが、その一方、自分が行かなければ貿易戦争に収拾をつけることはまず不可能であり、中国経済はさらに深刻な打撃を受けることとなろう。

習近平にとり**「進むも地獄、退くも地獄」**であるが、彼に与えられた猶予の時間はそんなにはない。

中国の約束不履行がアメリカの一番の懸念

今年三月一二日（ワシントン時間）、ライトハイザー米通商代表部代表は上院財政委員会で証言し、米中通商協議では知的財産権など構造問題への確実な対応が焦点になっているとしたうえで、ルールの実効性が〝担保〟されない限り中国との合意はないとの考えを示した。このライトハイザー発言から、この時点において中国側はすでに「知的財産権など構造問題への対応」において全人代で「外商投資法」を成立させ、アメリカ側に大幅に譲歩していた。

しかしながら、アメリカ側の一番の懸念はやはり、中国側があとになってこの約束を〝履行〟しないことであった。だからこそライトハイザーは「ルールの実効性の担保」を中国に求めて、それに関する保証がない限り「合意しない」としたのであった。

おそらくアメリカ側の考えとしては、たとえ中国と貿易協議に合意した場合にしても、制裁関税を部分的に保留したうえで、中国が今後、双方の取り決めたルールや中国自身の約束をきちん守っていくかどうかを見極めていくつもりであろう。

そして中国が約束を履行しない場合、あるいは双方の合意を破った場合、いつでも中国に制裁関税をかける形にして、それを合意内容にも明記するであろう。

もちろんそれは中国にとって一方的な屈辱である。このような合意をすれば、中国政府は今後常にアメリカの監視下で行動しなければならないし、アメリカの監視を受け入れざるをえない。まるでアメリカの**「属国」**となっていくようなものである。

したがって中国側はやはり、ライトハイザーが求める「ルールの実効性の担保」に反発して抵抗したにちがいない。この肝心なところで双方が対立しているから、米中貿易協議はなかなか最終合意に達することができない。

そうなると、あとに残された双方の選択肢は、閣僚級協議の争点を残したまま、米中首脳会談による最終決着をつけることになる。実際トランプ大統領は自ら「習主席と会おう」とツイッターして、首脳会談の開催に意欲を示した。

ところが、中国側は米中首脳会談の開催についての明言を避けた。その最大の理由は習主席自身が首脳会談による最終決着に乗り気ではないからであった。自らが「喪権辱国」貿易合意にサインして「現代の李鴻章」の汚名を背負うことをどうしても避けたいからである。

中国側が一方的にアメリカに求めていたすべての追加関税の撤廃

中国側はおそらく、習主席が首脳会談に応じるための前提条件、要は習主席の最低限のメンツを保つ方策を模索していたにちがいない。

三月九日、北京で開催中の全人代の記者会見で、中国商務省の王受文《おうじゅぶん》副部長（米中貿易協議の中国側責任者の一人）はアメリカとの貿易協議について「すべての追加関税を撤廃するよう話し合っている」と述べた。しかしアメリカ側からは「すべての追加関税撤廃」についての話はいっさい出てこなかったから、おそらく、中国側が一方的にアメリカにそれを求めていたと推測できる。

もし習主席が首脳会談に応じてトランプ大統領と合意に達した場合、その合意内容には「アメリカが中国製品にかけたすべての追加関税を撤廃する」という文言が含まれていなければならない。それができれば、たとえ合意内容に中国側の大きな譲歩があり、中国にとって屈辱的なものであっても、「習主席がトランプ大統領に迫って全追加関税の撤廃を勝ち取った」と国内的に訴えることで、習主席の最低限のメンツと威信を何とか保つことができるからであった。

しかし、アメリカ側が果たして、「すべての追加関税撤廃」という中国側の条件を呑むかどうかは依然として不明であった。先にふれたとおり、合意に達したとしても追加関税を部分的に保留して中国側に圧力をかけ続けることは、かねてよりアメリカ側の戦略であるからであった。

したがって、中国が望むような結果になる唯一の可能性は、要するにトランプ大統領が習主席と会ったうえでトップダウン的に決断する以外にはなかった。

しかし習主席がいつまでもトランプ大統領との会談を躊躇《ためら》うならば何も始まらない。そして、たとえ米中首脳会談が行われたとしても、トランプ大統領はやはり「全追加関税撤廃」という中国側の要求を退けて席を立ってしまう可能性は否めなかった。いや、そちらのほうが濃厚であった。

毛沢東には傑物・周恩来がいたが、習近平には見当たらないという現実

このように米中首脳会談の実現はなかなか難しく、米中貿易協議の出口はどこにあるのかは依然として不明である。よく考えてみれば、最大の難点は結局、習主席自身にほかならない。

彼が前に出て米中首脳会談に行かないと合意の達成はなかなか難しいが、首脳会談に出ること自体が彼にとっての難事であるから、協議はいつまでも踏みとどまって合意にこぎ着けない。場合によっては、最終の場面で決裂する可能性もあるからである。

実はこのことから、習近平個人独裁体制の抱える大きな弱点、あるいは問題点が透けて見えてきた。いまの中国共産党政権内では、習主席が政治・軍事・外交・経済などの多方面にわたりすべての決定権を握っている。このため彼の決断なしには何も決まらない、進まない。裏返して言えば、習主席は自分が下したすべての決断に責任を持たねばならない。

米中貿易協議はその実例のひとつである。彼が「大幅譲歩」の決断を下さなければアメ

リカと合意に達することはない。その場合、「喪権辱国」の責任も、汚名も、結局彼自身が背負うことになる。仮に彼が責任を負うことを恐れて行動を躊躇うと、何もかもが止まっていっさい物事は進まない。

結局、習近平は鄧小平《とうしょうへい》以来の集団的指導体制を壊し、政治・経済・外交の全権を自分一人に集中させる個人独裁体制を敷いたため、苦境に陥ってしまったわけだ。

かつての毛沢東独裁と比べると、習近平の独裁にはもうひとつ大きな欠陥がある。

毛沢東は絶対的なカリスマとして共産党と国家の上に君臨して個人独裁体制を築き上げたが、その一方で毛沢東には周恩来《しゅうおんらい》という非凡な能力を持つ首相がいて、毛沢東体制を内部から支えていた。毛沢東体制下の周恩来首相は、毛沢東の権威に絶対的に服従しながら、首相として経済・外交な運営の実務を一人で担っていた。

たとえば周知のように、一九七二年の田中角栄訪中の際、田中首相との難しい交渉も喧嘩《けんか》もすべて周恩来が担当、それらがすべてまとまったのちに、毛沢東が出てきて角栄と会談、「大所高所」の話に興じた。その際、もし日中交渉が不首尾に終われば、当然周恩来一人がその全責任を負うこととなったはずだ。

周恩来のような非凡な才能を備えて誠心誠意に仕えてくれる偉大なる忠臣がいたからこ

そ、毛沢東独裁は彼が死ぬまでの二七年も続いたといえる。

残念ながら、いまの習近平には、周恩来のような有能な忠臣は見当たらない。共産党政治局と政府中枢には、習近平の幼なじみや地方勤務時代の元部下からなる側近のグループはいることはいるが、ほぼ全員が無能なイエスマンであって、周恩来のような傑物は一人もいない。

そして、習近平といまの首相の李克強《りこっきょう》はかねてより犬猿の仲である。李克強は習近平のために難題の解決にあたることもなければ、泥をかぶることも絶対にしない。すべては習主席に任せて「お手並み拝見」というのが李克強の態度である。

昔の中国の皇帝や王様は、自分自身のことを「孤家」や「寡人」と呼んだものだが、いまの独裁者習近平は文字どおりの「孤家《ひとつや》」と「寡人《かじん》」（徳のすくない者の意味）となりつつある。

このような習近平体制はいったいいつまで保つのであろうか。

閑話休題

〈天安門事件は中国をどう変えたのか〉その1
国民の脳裏から天安門事件の記憶を徹底的に消すための三戦略

一九八九年六月四日の天安門事件から三〇年が経った。いまにして思えば、当時の学生リーダーたちは本当の意味で民主主義を理解していたかといえば、必ずしもそうではなかった。同年四月一五日に胡耀邦《こようほう》元中国共産党総書記が亡くなったのを契機に民主化運動が始まったわけだが、よくよく考えてみればそれ自体が奇妙なことであった。共産党独裁政権のトップだった人物の死去が同運動の発火点なのだから。たしかに胡耀邦は共産党のなかでは開明派だったが、共産党の領袖《りょうしゅう》であったことは変わらない。

八九年の天安門事件における学生たちの訴えの中心は「反腐敗」と、自分たちの行動が「愛国運動」であることを認めてほしい、というものだった。そして象徴的な出来事は、学生たちが人民大会堂に出向き、共産党に対して跪《ひざまず》いて請願したことだった。

中国三〇〇〇年の伝統で、民主化運動といっても結局は政府に対する **〝お願い〟** だったわけである。そこが一〇〇年前の五《ご》・四《し》運動と異なり、それが天安門事件の限界だったのかもしれない。五・四運動とは一九一九年の第一次世界大戦のパリ講和会議で、山東省のドイツ権益が日本に譲渡されると聞いた学生・民衆が反対して起こした抗議デモのことだ。

天安門事件当時、すでに私は北京にはいなかったが、私を含めた学生たちは最後の最後まで、人民の代表である共産党政権が機関銃や戦車で学生を武力鎮圧することなどは絶対にありえないと信じていた。その信頼が六月四日にすべて崩壊した。それまで数十年間、毛沢東時代にどんなにひどいことがあったとしても、若者たち・知識人たちには共産党への揺るぎない信頼があった。それが一夜にして吹き飛んだ。

共産党は反帝国主義を標榜《ひょうぼう》して政権を奪取したわけだが、虐殺以外の何物でもない天安門事件を契機に、中国国内では共産主義的イデオロギーが完全に崩れ去ってしまった。共産党政権の正統性が大きく揺らぐなか、独裁政権としてはなんとしても国民から求心力を取り戻す必要に迫られた。いちばんのプライオリティは、国民の脳裏から天安門事件の記憶を徹底的に消すことであった。

そこで共産党は何をしたか。大づかみには三つの戦略を用いた。ひとつは、**天安門事件の徹底的な隠蔽**であった。いまの中国の若者が天安門事件の存在さえ知らないのはその成果といえる。民主化に理解を示した天安門事件直前まで総書記だった趙紫陽《ちょうしよう》は歴史から完全に抹殺されている。ふたつ目は**反日教育**であった。若者たちに別の敵をつくって与えることで、共産党がやらかした虐殺事件を忘れさせた。三つ目は、**経済の市場化**であった。共産党が再び民心を取り戻し、共産党一党独裁を維持するための特効薬がこれだった。「黒いネコも白いネコも、ネズミを捕るネコはいいネコだ」。金儲けは悪いことではないとする鄧小平の「南巡講話《なんじゅんこうわ》」は一九九二年の春節明けに行われた。

たしかに中国の改革開放は一九七八年にスタートしたのだが、国有経済に対してほんの少し改革のメスを入れただけの〝おざなりな〟もので、本格的に市場経済に踏みきったのはこの南巡講話以降であった。

私はずっと以下の論を述べている。共産党は市場経済化することで若者や知識人と「悪魔の契約」を交わしたのだと。みなに金儲けのチャンスを与え、その代わり二度と天安門を語るな、二度と政権に楯突《たてつ》くなと共産党は求めた。

私の北京大学時代の仲間の多くは悪魔の契約を結び、金儲けの走狗《そうく》となった。拝金主義に染まった。しかしまた、拝金主義は中国の経済成長の原動力にもなった。

皮肉な話だが、中国が世界第二の経済大国になったのは、ある意味で天安門事件のおかげなのである。

第2章

本心では対米徹底抗戦は絶対に避けたい習近平

五月の米中貿易交渉の合意までの裏側を読み解く

交渉を白紙に戻した中国側の修正文言

五月五日におけるトランプ大統領の突如の対中国制裁関税引き上げの表明を受け、米通商代表部（USTR）は八日、二〇〇〇億ドル（約二二兆円）分の中国製品に対する制裁関税を一〇日に現在の一〇％から二五％に引き上げると官報で正式に通知した。

五日にトランプ大統領が自らのツイッターで関税の引き上げを表明した際、私自身を含め多くの人たちは、それはトランプ大統領が中国側にさらなる譲歩を迫るためのブラフではないかと見ていた。しかし、八日になって関税引き上げが官報により正式に通知された以上、それは単なる大統領の〝**個人的**〟な**ブラフ**ではないことが判明した。

ワシントン時間の九日から、中国の劉鶴副首相が訪米し米中貿易協議が再開される見通しであったが、協議でたとえ中国側が大幅な譲歩を示したとしても、時すでに遅しであった。

四月下旬までには、米中双方は合意の達成に楽観的な見通しを示したが、なぜトランプ大統領は突如五月五日に関税の引き上げを表明したのだろうか?

その理由は、ロイター通信が八日に配信した記事によって明らかになった。記事によると、中国政府は三日までに、米中貿易交渉の合意文書案の全七章に修正を加えて、アメリカ側に提示したという。合意文書案は一五〇ページ近くにおよぶが、中国政府が加えた修正は、これまでの交渉を白紙に戻すような内容だったとされる。

上記報告を受け激怒したトランプ大統領は、関税引き上げの決断を下し、ツイッターでその旨を表明した。ここでの焦点は結局、中国側がなぜいったん合意した内容に**「白紙に戻すような」**修正を加えたのかであった。

その前の米中貿易協議は四月三〇日から五月一日までに北京で行われた。この協議において、中国側が大幅修正を加える前の合意文書案はできていたはずだ。修正された合意案は三日夜にアメリカ側に届いたから、中国側が大幅な修正を加えたのは前回の協議が終わった直後の五月二日か三日であったと見るべきであろう。

アメリカ側との協議の直後に、中国側が合意文書案に一方的に大幅な修正を行ったとすれば、それは当然、中国側代表の劉鶴副首相の独断によるものであるとは考えにくい。

最大の可能性は、同副首相が五月一日までの協議でまとまった合意文書案を持って習近平国家主席に報告したところ、習主席から多くの合意内容を"**否定**"された。それを受けて中国側の担当者たちは至急、習主席の意向に沿い、合意文書に大幅な修正を加えアメリカに送りつけた。それが自然な見方であろう。

譲歩と引き換えに制裁関税の完全撤廃を求めてきた中国

それなら、習主席はどうしてこの時点でアメリカ側との合意内容を否定することになったのか？

よく考えてみれば、劉鶴副首相は習主席の側近としてずっと習主席の直接指揮下でアメリカとの協議にあたってきたわけだから、四月三〇日までの九回におよぶ貿易協議で米中がどのような合意内容に達しているのか（つまり中国側がどのような譲歩をしたのか）は当然、習主席自身も熟知しているはずである。

むしろ、それまでの協議で中国側が行った譲歩はすべて習主席の意向に基づくものであると見るべきであろう。

そして四月三〇日からの協議においても劉鶴副首相らはまさに彼の意向に従って交渉していたのだから、そこでできた合意内容は習主席にとって意外なものであるはずもない。

ということは、それまでの米中協議で達した合意内容は実質上、習主席自身が合意した内容であり、中国側の行った譲歩はすべて習主席自身の意に沿った譲歩であろう。

にもかかわらず、前回の協議が終わった直後に、習主席は手のひらを返すように、米中双方がそれまでに協議を重ねてようやくたどり着いた合意内容の多くを「白紙に戻す」形で否定した。自分で合意した内容を自分で否定したのはなぜなのか。

ひとつの解釈としては、習主席の対米譲歩が政権内で大きな反発を受けたため、やむをえずこれまでに合意した内容を否定しなければならなくなった、というもの。だが、私はその可能性は非常に低いと思う。習主席の個人独裁体制が完全に確立されたいま、政権内に彼の決断に異を唱える勢力や人が現れるとは考えにくいし、習主席と対立している党内の改革派たちはむしろ、中国の国内改革をうながすという意味で習主席の対米譲歩を歓迎しているのだから。

もうひとつの可能性として考えられるのは、習主席がアメリカのさまざまな要求に応じて大きく譲歩したのに対し、アメリカ側が習主席からの要求に応じない。それに怒った習主席がこれまでの対米譲歩を取り下げて、いったん合意した内容を反古《ほご》にした、ということである。

私自身はこの可能性がもっとも高いと見る一人である。それなら、習主席がアメリカに要求しているものとは何だったのか？

よく考えてみれば、これまでの協議のなかで中国側が一貫してアメリカ側に要求してきたことのひとつに、中国側が大幅に譲歩して最終的貿易合意に達した場合、アメリカはこれまで中国に発動した制裁関税のすべてをただちに〝撤廃〟すること、これがあった。譲歩と引き換えに制裁関税の完全撤廃。これこそは中国側が繰り返しアメリカに要求してきたものであった。

中国はどうして、最終合意にともなう制裁関税の完全かつ迅速な撤廃にこだわっているのか。その理由は繰り返し私が指摘してきたとおり、習主席のメンツを守るためである。

立ちはだかった習主席のメンツと国内事情

アメリカとの最終合意に達するために、習主席はいままで知的財産権保護や技術移転の強要、そして非関税障壁の撤去などのさまざまな問題で、アメリカの要求を飲んで大きく譲歩した。

それら譲歩を含めた内容で双方が合意に達した場合、この合意内容自体は中国のアメリカに対する〝降伏〟だと解釈される恐れがあり、**「中国がアメリカに降伏した」**との見方が中国国内で広がる可能性は大だ。

しかしそれでは、「大国中国の強い指導者」を演じてきた習主席の政治的権威は大きく傷つくこととなろう。主席のメンツがこれで丸潰《まるつぶ》れとなって権威は地に堕《お》ちるのである。それを打ち消すためには、主席としてはアメリカに譲歩する代わりに、国民にアピールできるような大いなる成果をどうしてもアメリカから勝ち取りたいはずであった。

それはすなわち、最終合意にともない、アメリカにいままでの制裁関税を〝撤廃〟してもらうことにほかならない。それが実現することにより、習主席は国内的には、「自分がトランプ政権に迫って、制裁関税を完全に撤廃させた」と大々的に喧伝《けんでん》でき、アメリカに譲歩することによって失ったメンツと権威を何とか挽回《ばんかい》できるのである。

したがって、習主席にとり、合意にともないアメリカがいままでの制裁関税を完全に撤廃することは、自分がアメリカとの最終合意にゴーサインを出すときの必要不可欠な条件となっていた。

ところが、アメリカ側はまさにこの点で渋っていた。トランプ政権としては対中制裁関税を一気に撤廃してしまうと、中国を制する手段を自ら捨てることとなるからだ。これでは合意に達しても、中国が合意内容を守っていく保証は何もない。

よってトランプ政権の方針としては、中国と最終合意に達したとしても、ただちに制裁関税の完全撤廃は行わない。少なくとも制裁関税を部分的に維持したうえで、中国側が合意を実行していくかどうかを見極める考えを変えるつもりはなかった。

このようなすれ違いがあったからこそ、米中貿易問題は今日のような結末を迎えたのではないかと思う。習主席は「制裁関税の完全撤廃」という要求に応じないアメリカの態度に業を煮やして、それまでにアメリカと合意した内容の一部を自ら反古《ほご》にすることにした。

一方、トランプ大統領はそれに激怒し、よりいっそう態度を硬化させて中国に対する制裁関税の税率引き上げに踏み切ったわけである。

習主席が合意内容を反古にしたことの真意は当然、米中貿易協議を決裂させることではない。決裂させたくなかったから、トランプ大統領が五月五日に関税の引き上げを表明したあとでも、中国側は恥を忍んで劉鶴副首相を協議再開のためにワシントンに派遣した。

したがって、習主席の真意は決裂にあるのではなく、トランプ大統領に圧力をかけて自ら「関税完全撤廃」要求を飲ませようとした。だが、それが裏目に出てトランプ大統領を怒らせて関税の「撤廃」ではなく、むしろ関税の引き上げを誘発してしまった。これは習主席の最大の誤算だったに違いない。

事態がここまで悪化したからには、習主席が恥を忍んで劉鶴副首相をワシントンに派遣しても、短時間の協議で、五月一〇日午前〇時に予定している制裁関税の税率引き上げを食い止めることは不可能であった。仮に中国側が合意文書案に加えた修正をもう一度撤回したとしても、それは協議のさらなる「進展」にはならなかったはずだ。

中国側に垣間見られる関係修復への望み

アメリカを非難すれどトランプを名指しで非難しない中国メディア

五月一〇日以降、アメリカ政府は二〇〇〇億ドル分の中国製品に対する制裁関税を二五%に引き上げる一方、三〇〇〇億ドル分の中国製品に対する新たな制裁関税（第四弾）の発動準備を始めた。同時に、華為技術（ファーウェイ）に対する全面的封じ込めに着手、中国を標的とする貿易戦争をさらに激化させた。

アメリカの猛烈な攻勢に対し、中国政府も猛反発、徹底抗戦の構えを見せた。同月一三日、中国政府はアメリカへの対抗措置として六〇〇億ドル分のアメリカ製品に対する制裁関税の引き上げを発表。その次週には外交部報道官や「人民日報」は一斉に、「戦うなら最後まで付き合おう」との激しい口調で徹底抗戦の意思を示した。

以来、人民日報・新華社通信を含めた中国の官製メディアはほとんど毎日のように、アメリカの「背信」と「横暴」と「貪欲《どんよく》」を厳しく批判したり、「中国は屈服しない」「中国が必ず勝つ」というような論調を展開したり、あるいは朝鮮戦争中に米軍と戦った戦争映画を再放映したりして、総力を挙げて対米世論戦を展開した。

それでは習近平政権は果たして、アメリカに対する徹底抗戦の決意を固めて貿易戦争を最後まで戦っていく腹づもりなのか、となると、実はそうでもないのである。

中国側の対米批判キャンペーンを注意深く見ていると、いくつかの特徴があることに気づく。ひとつは、アメリカのやり方に対してどれほど激しい批判や罵倒《ばとう》を浴びせていても、トランプ大統領本人に対してはいっさい批判しない点である。あらゆる批判の論評や記事を読んでいても、「特朗普《トランプ》」という固有名詞はまず出てこない。各メディアが注意深く、トランプ大統領に触れることを避けていることがよくわかる。もちろんそれは習政権の意向を受けてのことである。

もうひとつの特徴は、人民日報の社説から環球時報の論調まで、すべての対米批判の論調だ。激しい批判を展開するのと同時に、最後のところは必ずや「対立は互いの利益にならない。協力こそは双方のためになる」と強調して、アメリカ側の「改心」をうながしたり、アメリカが「話し合いの道」に戻ることを歓迎するような姿勢を示している点である。

このふたつの特徴から、習政権は国内対策として対米批判を展開して「徹底抗戦」の構えを見せていながらも、本心ではむしろトランプ政権との話し合いの余地、特にトランプ大統領との話し合いの余地を残そうとしていることがよくわかる。

一方、李克強首相や貿易協議担当の劉鶴以外の副首相たちは「音無しの構え」を決め込んでから久しい。

そもそも彼らは最初から蚊帳《かや》の外に置かれていて動きようがないが、協議が決裂し深刻な状況となっても、やはり対岸の火事でも見ているかのように沈黙を保ち、習主席を助けて善後策に動いたり、対応策を講じたりする気配はまったく見られない。李首相たちはむしろ、**「ざまあ見ろ」**のような気持ちで習主席の失敗を遠くから眺めているようだ。

六月、習政権は窮余の一策としてアメリカに対するレアアースの輸出制限、あるいは禁輸を検討し始めたようだが、もし中国がこの禁断の「切り札」を本当に使ってしまえば、米中貿易戦争のよりいっそうの激化と本格化はもはや避けられない。それでは中国の経済破綻《はたん》が早まって、政治と社会はますます混迷を深めていくにちがいない。

米中貿易戦争の影響を受けやすい沿岸部への視察を避ける習近平

その一方、貿易戦争に対する習近平主席自身の反応も実に興味深いものである。五月一〇日の制裁関税の引き上げ以来、習主席が公の場ではこの問題について言及することは一度もなかった。自分のツイッターで頻繁に発信するトランプ大統領とは好対照である。

その後、習主席は地方視察に出かけているが、その視察先は、対外貿易が盛んである地域、つまり貿易戦争から影響を受けやすい沿岸地域ではなく、内陸部の江西省であった。本来なら、彼は深圳《しんせん》や広東《カントン》、あるいは上海《シャンハイ》などの対外貿易の最前線を視察して対応策を考えたり、深圳にあるファーウェイ本社を訪れて激励したりすべきところであった。けれども結局、習主席はそれらの地域を避けて、貿易戦争とは縁の薄い内陸部の江西省を視察した。その結果、習主席は貿易戦争についていっさい言及せずに済んだ。

習主席自身が貿易戦争に言及すると当然、人民日報などと同じ論調でアメリカ批判を展開したり「徹底抗戦」を表明したりすることとなったはずだ。それは習主席としては極力避けたいところであった。これで彼はいつでも、柔軟な姿勢でトランプ政権との話し合いに戻ることができるわけだ。

実はあれほど激しく対米批判を展開している人民日報にしても、時々、文章の行間からはアメリカとの全面対決を避けて「協調路線」に戻りたいという習政権側の本音を匂《にお》わせていた。

たとえば五月二一日の人民日報は「戦略的判断ミスの深刻な結果」と題する論文を掲載した。同論文は、米中の対立拡大はアメリカ政府と一部政治屋の「戦略的判断ミス」が招いた結果であると断じたうえで、「繁栄の中国はアメリカを有利にし、繁栄のアメリカは中国を利する」、「われわれには米中関係を良くする一〇〇〇の理由があれども、米中関係を悪くする理由はひとつもない」とした。要は米中関係を良くしたいとする「願望」を吐《と》露《ろ》し、アメリカ側に秋波《しゅうは》を送ったのであった。

こうしてみると、アメリカとの全面対決を避け、関係をできるだけ修復したいのが習主席の本音であり、習政権の基本方針であることがよくわかる。

問題は、これまでの貿易協議においていったん合意した協議内容を反故にして米中対立を一気に拡大させたのが習近平自身であったことに収斂《しゅうれん》しよう。今後どうやって協議の再開と関係の修復にこぎつけるのかは、当然ながら習近平自身がやり遂げるべき仕事だ。それができずに片思いの「米中回復」を望んでいても結果は出ない。

弱腰の習主席を批判するにいたった共産党宣伝機関

米中貿易協議の決裂以降、この件について沈黙を保っていた習近平国家主席が訪問先のロシアでようやく言葉を放った。

プーチン大統領らが同席した討論会の席上、習主席は米中関係について「いま米中間は貿易摩擦で揺れているが、私はアメリカとの関係断絶を望んでいない。友人であるトランプ大統領もそれを望んでいないだろう」と述べた。

私はこの発言を聞いて実に意外に思った。米中貿易協議が決裂してから一ヵ月、中国政府が「**貿易戦争を恐れず**」との強硬姿勢を繰り返し強調した。人民日報などの官製メディアはアメリカの「横暴」と「背信」を厳しく批判する論評を連日のように掲載してきた。揚げ句、中国外務省の張漢暉《ちょうかんき》次官はアメリカの制裁関税を「**経済テロ**」とまで言って非難した。

この日の習主席の発言は、中国政府の強硬姿勢と国内メディアの対米批判の強いトーンとは正反対のものであった。彼の口から「貿易戦争を恐れず」などの強硬発言はいっさい出ず、対米批判のひとつも聞こえてこなかった。それどころか、トランプ大統領のことを「友人」と呼んで「関係を断絶したくない」との秋波さえ送った。

国外での発言であるとはいえ、中国最高指導者の発言が、国内宣伝機関の論調や政府の一貫とした姿勢と、かけ離れていることは、まさに**異例中の異例**であった。

さらに意外なことに、習主席のこの「友人発言」が国内では隠蔽《いんぺい》された一方、発言当日から人民日報、新華社通信などの対米批判はよりいっそう激しくなった。新華社通信のネット版である新華網は翌七日、アメリカとの妥協を主張する国内一部の声を「降伏論」だと断罪して激しく攻撃。九日には人民日報が貿易問題に関する「一部のアメリカの政治屋の発言」を羅列《られつ》して厳しい批判を浴びせた。

それらがトランプ大統領の平素の発言であることは一目瞭然《いちもくりょうぜん》であった。人民日報の批判の矛先《ほこさき》は明らかに習主席の「友人？」のトランプ大統領に向けられていた。先に中国メディアの姿勢を、アメリカを非難すれどトランプを名指しで非難しないと記したけれど、状況は一変したわけである。

さらに一一日、人民日報はアメリカに対する妥協論を「**アメリカ恐怖症**」「**アメリカ崇拝**」だと嘲笑《ちょうしょう》する論評を掲載した。

もはや新華社通信と人民日報の論調は、対米批判の領域を超えて国内批判に転じていた。それらの批判はとらえようによっては、習主席に対する批判であるとも聞こえた。

貿易戦争の最中、敵陣の総大将であるはずのトランプ大統領のことを「友人」と呼び、「関係断絶を望まない」という習主席の発言はまさしく、人民日報や新華社通信が批判するところの「**降伏論**」、「アメリカ恐怖症」ではないのか。

習主席の個人独裁体制が確立されているなか、人民日報などの党中央直轄のメディアが公然と主席批判を展開したこととなれば、それこそ中国政治の中枢部で大異変が起きている兆候である。ただし、その背後に何があるのかはわからない。おそらく、米中貿易戦争における習主席の一連の誤算と無定見の右往左往に対し、宣伝機関を握る党内の強硬派が業《ごう》を煮《に》やしたのではないか。

いずれにしても、米中貿易戦争の展開は、すでに共産党政権内の分裂と政争の激化をうながし、一見強固に見えた習主席の個人独裁体制にも綻《ほころ》びが生じ始めた模様である。

いまは危うい休戦状態

周知のとおり、トランプ米大統領と中国の習近平国家主席は今年六月二九日、大阪で開かれた二〇ヵ国・地域首脳会議（G20サミット）に合わせて会談、貿易協議を再開することで合意した。トランプは会談後の記者会見で、制裁関税「第四弾」の発動を当面先送りすると表明、辛くも会談の決裂は免れた。さらに中国通信機器大手の華為技術（ファーウェイ）にアメリカ企業が部品を売ることを認める意向も示した。

もし、この会談が不調に終われば、トランプは三〇〇〇億ドル分の中国製品に対し二五％の制裁関税を課すところであった。この第四弾が実施されれば、制裁対象はスマホ、ノートパソコンにまで拡大、ほぼすべての中国製品におよぶことになる。

はっきり言って、この第四弾を発動されていたら、中国経済は持ちこたえられなかったろう。アメリカのとどめの一撃により、中国経済は瓦解《がかい》の憂《う》き目を見ることになったと思う。

トランプの譲歩により首の皮一枚残った習近平は、アメリカの農産物を大量購入することなどを約束した。

ただ、現時点においてで中国はそのようなアクションには出ておらず、いっこうに約束を守る気配が見られない。貿易協議についても現時点（八月末）では再開されていない。いまは危うい休戦状態なのであろうか。

また奴らにだまされたのか。これがトランプの偽《いつわ》らざる心持ちだと思う。

中国は中国で、アメリカが突き付ける知的財産権の保護や先端技術の不法入手の禁止などの要求を本気で呑むつもりなどまったくない。当然であろう。ドロボーがドロボー稼業からなかなか足を洗えないようなものなのだから。中国は約束はいくらしても、守るつもりはない。

八月一日、トランプが動いた。先に示した対中制裁関税「第四弾」を九月一日に発動すると表明したのだ。これでレアアースなどを除き、アメリカが輸入するほぼすべての中国製品に追加関税がかけられることになる。どうやら米中貿易戦争は最大のヤマ場を迎えることになりそうだ。

八月五日、中国人民銀行が人民元の対ドル相場が一一年ぶりの安値水準、かつ心理的な節目であった一ドル＝七元を下回ることを容認したのを受け、アメリカ財務省は中国を「為替操作国」に指定した。

為替操作国とは、財務省が貿易や経常収支で自国を優位に導くために為替を操作していると判断した国のことだ。操作国が是正しなければ、アメリカは当該国からの輸入品に対する関税引き上げなどの制裁措置を講ずる。過去の為替操作国には中国、韓国などが指定されたが、今回の指定は一九九四年以来約二五年ぶりとなる。

今回の人民銀行の動きは、トランプ政権が制裁関税「第四弾」を九月に発動すると発表したことに対する中国側の報復措置と見られる。米中対立が通貨政策にも波及したことから、米中の相克は新たなステージに入ったと見ていいだろう。これで九月上旬に予定されていた閣僚級の貿易協議も中止となる公算が強まったのではないか。

閑話休題

〈天安門事件は中国をどう変えたのか〉その2

離婚の自由すらなかった毛沢東時代

先のコラムにおいて、共産党が自らのレーゾンデートルを死守するために国民と**「悪魔の契約」**を交わしたと記した。これは金儲けの自由というものだったが、同時に一九八九年六月四日の天安門事件を経験した中国人は一般庶民も含めて、毛沢東時代とは比べものにならない個人的な自由を手に入れた。

八〇年代までの中国人にはライフスタイルの自由などほとんどなく、たとえば結婚前の性交渉の自由もなかった。しかし天安門事件以降はそれもずいぶんと自由になった。私の父親の世代では、不倫などしたらそれだけで人生がお終《しま》いだったけれど、いまは奥さんさえ怒らなければ不倫だって自由だ。毛沢東時代には離婚すら当局の許可がないとできないほどであった。

近年、中国人が花見の季節に大挙して来日することが報じられるが、昔ならありえなかった。八〇年代まではパスポートが発給されるまで何ヵ月もかかったのだから。

あの天安門事件において、共産党は学生を鎮圧、粛清したという〝原罪〟を背負った。それを国民に忘れさせるため、さらには共産党政権を正当化するために愛国主義を持ち出し、愛国を煽《あお》るために反日を掲げた。それから欲望の自由に民衆を誘導し、政治的な不満を解消させようとした。

中国共産党は無制限な市場経済による欲望の拡大と無責任な反日・愛国主義で、天安門事件以降の三〇年を乗り切ってきた。中国人は天安門事件を経て、三〇年間にわたり経済的な自由を謳歌《おうか》してきたが、問題は習近平政権によって今後、金儲けや欲望満足の自由も没収されてしまうかもしれないことだ。

実際、昨年からゲームソフトの新作発表が滞ったり、最近では電子書籍アプリで新作の配信停止処分が相次いでいる。当局（中央宣伝部）は有害作品を排除するためとしているが、有害の基準自体を示していない。

習近平が毛沢東にぞっこんなことは広く知られる。習近平は鄧小平、江沢民、胡錦濤《こきんとう》たちが国民に与えてきた自由を毛沢東時代並みのものに削《そ》ぎ落とすつもりなのかもしれない。

第3章

昨年の中国のGDP成長率は一%台だったという衝撃

体制内知識人による決死の報告

「中国は世界第二の経済大国」に疑義

向松祚《こうしょうそ》教授は中国著名のマクロ経済学者であり、中国人民大学国際通貨研究所副所長を務める。かつては国有銀行である中国農業銀行のチーフエコノミストであったから、彼の立場は中国で言えば「体制内知識人」であり、政府に近い経済学者なのである。

その向松祚が昨年一二月一六日、中国人民大学校内で催された経済フォーラムにおいて演説を行った。そのなかで彼は冒頭から中国の経済成長率の話題を持ち出して、その衝撃的な実態を暴露した。中国の実際の成長率が決して政府公表の六％台ではないというのだ。それによると、ある「重要機構」に所属する研究チームがまとめた内部報告書では、現時点の中国の実際の経済成長率はわずか一・六七％であるのだと。成長率がすでにマイナスとなっているとの試算も別途にあるとも述べた。

中国政府が公表する成長率などの経済数値に水増しがあるのではないかとの疑念は以前から国内外で根強く存在しているが、今回は初めて、一流国立大学に在籍する体制内経済

向松祚教授は上場企業の収益が低いため、中国株式市場の不調が続くと予測。「経済のデータを見てハラハラする」と中国経済の実態について衝撃的な言葉を発した

学者が公の場で、政府公表の成長率を一蹴《いっしゅう》したうえで、それとは大差のある数字を公言したわけであった。二〇一八年の中国の経済成長率はただの一%台、あるいはマイナス成長となっている、というのである。

もしそれが事実であれば、中国経済はすでに深刻な大不況に陥っていることになると同時に、いままでの中国経済の実績に対してもわれわれはおおいに疑義を呈さねばならない。

もし過去にもこのような数字の水増しが続いていたのであれば、「中国は世界第二の経済大国」という常識は覆されるのかもしれない。

上述の向松祚発言が明るみに出ると、た

だちに国内で大きな反響を呼び、海外にも広く流布された。私自身も昨年一二月二七日付の連載中のコラム（産経新聞）でそれを取り上げて大変な注目を集めた。

ＧＤＰの六倍以上に膨れ上がった国内債務

このような経緯があって、向松祚の発言は常に内外から注目されている。今年一月二〇日、上海で開催された「２０１９中方信富戦略発表及び闘牛財経金牛盛典」という名称のフォーラムで再び注目の講演を行って、国内の大反響を呼んだ。

講演のなかで彼はまず、二〇一八年における中国経済減速の原因について論じ、三つの国内要因とひとつの国外要因を取り上げた。

三つの国内要因とは、

①政府の金融引き締め策による企業の資金難。

②企業負債の膨張。

③「私有制消滅」などの国内の「雑音」。

そして国外の要因は、やはり米中貿易戦争であるという。

国内要因③の「国内の雑音」とは何か。これについてはあとで詳しく記述することにするが、②の「企業負債の膨張」について語った次の言説は特に注目されている。

彼曰く、わが国のいままでの経済成長を見ると、中国国内企業が生産性を高めることによって利益の増大を図るような正当なやり方ではなく、もっぱら銀行から借金する、あるいは債券を発行してむやみに規模拡大を図るような経営をしてきた企業が多かった。その結果、いまの中国において「債務の悪性膨張」という問題が生じてきている。

政府も企業も個人もみな莫大な負債を抱える状況にあり、国内全体の負債額に関して、彼は元首相の朱鎔基《しゅようき》の子息で中国国際金融有限公司前CEOの朱雲来《しゅうんらい》の出した数字を引用、「それは**六〇〇兆元**（約九五〇〇兆円）に達している」可能性があると述べた。

この数字が本当であれば驚くべきものである。二〇一八年の中国のGDPは九〇兆元であるが、六〇〇兆元はその六倍以上にもなる。一国の国内負債額が国内総生産の六倍以上に達しているとは、まさに世界経済史上前代未聞の「債務悪性膨張」である。

言ってみれば、中国経済と経済成長は結局、「債務膨張」という砂上の楼閣《ろうかく》のようなものだと考えたほうがいいのであろう。

世界断トツになっている中国の不動産時価総額の危うさ

今後の中国経済がどうなるかに関して、向はかなり悲観的な見方を示しているが、そのなかで私が特に注目したのは次の二点である。

ひとつは二〇一九年の中国の株価についての話であった。彼は中国の上場企業の大半があまり利益を上げていないことや、中国経済全体が低迷することなどを理由にあげ、今年の株価は落ちることはあっても上昇に転じる可能性はあまりないと分析した。場合によっては上海指数が二〇〇〇ポイント以下に落ちるかもしれないと語った。

もうひとつ、向が特に警戒しているのは不動産市場の動向である。彼曰く、中国国内の不動産時価総額はすでに六五兆ドル（約七三一〇兆円）に達しており、それはアメリカ、日本、EUを合わせた不動産時価総額の約六〇兆ドル（約六七五〇兆円）を超えた。すでに不動産バブルは常軌を逸したレベルまで膨張してきている。

しかも、中国のバブルは完全に「集団的幻覚」のうえに成り立つものであって、「幻覚」がいったん崩れると、バブル全体が一気に崩壊してしまう危険性もあると、彼は警鐘を鳴らしているのである。

以上は、一月二〇日に行われた向松祚講演の要点であるが、中国国内の著名経済学者が中国経済の現状と未来に対してそれほど厳しい見方をしていて、それほどの警告を発していたら、われわれはそれにおおいに耳を傾けるべきであろう。

いまさら、「**バラ色の中国経済の未来**」に期待するなら、それほど愚かなことはない。中国経済の未来に見切りをつけるべきである。

「私有制消滅」を企む習近平を暗に批判

実は彼の講演のなかで、経済に関する話以外に、もうひとつおおいに注目すべき部分があった。それはすなわち、経済問題とも関連している政治批判の部分である。

前述のように、彼は二〇一八年の経済減速の原因として三つの国内要因を上げたが、そのひとつは、「**私有制消滅**」などの国内の「雑音」、ということである。向曰く、昨年は国内において「私有制を消滅させよう」などの論調が上がってきて、それが私有企業の経営者たちを〝恐慌状態〟に陥らせて彼らの経営マインドを打ち砕き、それが結果的に中国経済の大減速につながったというのだ。

そのなかで彼が取り上げたのは、たとえば二〇一八年一月に中国共産党機関誌の「求是」

が掲載した周新城《しゅうしんじょう》人民大学マルクス学院教授の論文であった。論文は「私有制を消滅させることは共産党の党是」としたうえ、自由主義派と見られている張五常《ちょうごじょう》、呉敬璉《ごけいれん》などの著名学者を「社会主義に国有企業（国企）は不要と吹聴し、国企は潰すべきだといった過激な主張をしている露骨な反党・反社会主義新自由主義分子」と名指しで批判した。

論文の掲載誌の「求是」は誰でも知っているように、それは普通の雑誌ではなく中国共産党の機関誌であって党中央の考えを代弁しているものである。「私有制消滅」を公然と唱えるこの論文の発表は当然、中国国内の一部では習近平政権の私有企業に対する「宣戦布告」だと理解された。したがって、それこそ私有制の代表格である私有企業の経営者たちがパニック状態に陥ったのも当然の成り行きであった。

そして習近平自身も二〇一八年五月、人民大会堂にて「マルクス生誕二〇〇年記念大会」を盛大に開催して自らが「重要講話」を行ったが、そのなかで彼は、中国共産党はマルクス主義で武装した政党であること、マルクス思想の一般原理は現在も完全に正しいことを強調した。

この発言を聞いた私有企業の経営者たちは、「私有制消滅」は習近平政権の〝意図〟ではないかとの疑念をさらに深めた。というのも、「私有制消滅」こそがマルクス主義の基本理念のひとつであるが、習近平が言うように「マルクス思想の一般原理は現在も完全に正しい」のであれば、「私有制消滅」も正しいことになるからであった。

以上は、二〇一八年における「私有制消滅」騒動の一部始終であるが、ようやく昨年の秋になって、中国経済が大変な危機に陥っていることに気がついた習近平は「私有経済重視」と言い出し、事態の収拾に乗り出した。

そもそもこの「私有制消滅論」の黒幕は、まさに毛沢東回帰の志向を強く示している習近平その人ではないのかとの疑念は依然として消えていない。

反習近平勢力の代弁者である向松祚

中国人なら向松祚の真意を認識できる

先述の向松祚の「私有制消滅論」に対する批判はまさにこのような経緯があってのことである。見方によっては彼の発言が結局、習近平政権に向けての政治批判であった可能性は大である。

実は彼が政治批判の矛先を習近平に向けたのはそれが初めてではない。先にふれた昨年一二月九日の講演においても、彼は遠回しに習近平批判を展開していた。

この講演のなかで、米中貿易戦争の話を取り上げて、「米中貿易戦争において、われわれのほうで判断のミスがなかったのか。状況を甘く見ていなかったのかと自問してみよう」とし、次のように自答した。

「貿易戦争の形勢に対し、国際情勢全般に対しわれわれに判断の誤りがあった。それについてわれわれはおおいに反省すべきところである」

彼はここで、「**われわれ**」という主語を使った。あたかも彼自身を含めた「われわれ」が「判断ミス」を犯したかのような言い方をしている。

しかしながら、よく考えてみれば、彼自身を含めた一般人は貿易戦争における中国側の当事者でもなければ、「判断」を行う立場でもない。そして国内では誰でも知っているように、アメリカとの貿易戦争において自らの判断に基づいて意思決定のできる人間は実は一人しかいない。

国家主席の習近平、その人である。

つまり、向の言うところの「判断ミス」をした「われわれ」は決して、彼自身を含めた本当の「われわれ」を指しているわけではない。中国人ならそれを聞いてその真意をただちに認識できるであろう。彼は遠回しな言い方で、中国側の対米交渉の最高責任者で独裁者の習主席のことを批判しているのである。

いまのところ政治的迫害を受けていない向松祚

習近平独裁体制が確立され、「習近平崇拝」も急速に進んでいるいま、遠回しでありながらも公然と習主席を批判するこの発言はまさに驚天動地の爆弾発言といえよう。それが故に、向松祚演説の映像が中国のネット上で爆発的に拡散されたのち、政府当局によって迅速に消されていった。

彼自身が何らかの咎《とが》めを受けたり政治的迫害を受けたりするのかとも心配されていたが、結局彼の身には何も起こらなかった。いまの中国の政治状況ではほとんど信じられないことであるが、**「習近平批判」**とも思われるような彼の白昼堂々の政治批判は、どうやら見逃された模様である。

そして前述のように、今年一月二〇日になると、彼は再登場し、「私有制消滅論」の一件を取り上げる形で、「習近平批判」とも解釈できるような大胆な政治批判を行った。

いま、中国国内の知識人のほとんどが口を封じられ、あるいは自ら沈黙を選んでいるなかで、向松祚だけは特異な存在となっている。余人のできない大胆な政策批判や政治批判を自由自在に展開している様子であるが、これはまさしく**不可思議な現象**というしかない。

おそらく向松祚は単なる一個人として上述のような批判を展開しているわけではないと思う。彼の後ろには大きな政治勢力があるはずである。この政治勢力の正体はいまだに不明であるが、党と政府内、そして学界においては隠然たる力を持っていることは確実である。もちろん、この勢力は現在の習近平政権の政治と政策に対しては大きな不満を持ち、批判的な態度をとっていることは明らかである。

こうしてみると、習近平政権と習近平自身の地位は決して安泰ではなく、「**反習近平勢力**」は依然として力を持って虎視眈々《こしたんたん》と転覆の機会を狙っている。そして学者の向松祚はこうした勢力の代弁者である可能性大である。

そういう意味では、われわれは今後も、彼の動向をおおいに注目すべきであろう。彼の動向は、中国政治の方向性、習近平政権の成り行きを占うためのひとつの重要な「参考指標」となりうるからだ。

閑話休題

〈天安門事件は中国をどう変えたのか〉その3
中国国民が認識できていない与えられた自由

今年七月下旬、中国政府は新疆《しんきょう》ウイグル自治区に関する白書を国際社会に向けて発表した。内容の主旨は「新疆ウイグル自治区は史上最高の繁栄を謳歌《おうか》している。社会は調和がとれ安定し、生活水準も向上を続けている」というもの。

欧米社会から、一〇〇万人以上のウイグル人を強制収容所に拘束しているのは人権侵害と非難されていることに反論したのだが、その言い草がふるっている。「拘束や収容所ではない。ウイグル人のための職業訓練所である。欧米の行為は内政干渉にあたる」

どの口が言うのかと呆《あき》れるばかりだが、これは中国の常套《じょうとう》手段で、自分のためなら何もかも改竄《かいざん》してみせる。

たとえば中国共産党があたかも日本軍と戦ったかのように歴史を書き換えている。いわゆる抗日戦争を、政権を正当化するための根拠にしているのだから、反日は永遠に手放せない。その意味では韓国と同じ穴のムジナで、反日を捨ててしまうと、体制自体が存続できない。先のコラムでもふれたが、天安門事件のあとで、国民は金儲けや自由なライフスタイルや外国旅行やフリーセックスの自由まで与えられた。みなそれでハッピーになり、それで「共産党政権でけっこう。独裁であっても自分たちの生活の妨げになってさえいなければ」といった意識に染まってしまった。独裁のほうが政治が安定するから、安心して金儲けができるのだと。けれども、問題はこの三〇年間の自由はあくまでも**「与えられた自由」**であって、いつ回収されるかわからない。そこを中国国民は認識できていない。

その兆候はとっくに現出している。露骨な「国進民退」政策がその典型例であろう。習近平は経済面において国有企業の勢力を全面的に拡大、民間企業を後退させて私的な領域を狭めにかかっている。卑近な例では、麻雀に関する規制。以前の中国人は結構なお金を賭《か》けて麻雀を楽しんでいたものだった。胡錦濤政権までは「国民が麻雀に夢中になっていれば、政権は安泰だ」というわけで、黙認されていた。

ところが〝共産主義原理主義者〟の習近平は麻雀規制に乗り出し、賭け金の上限を決めた。いまはまだ国民に外国に出る自由はあるが、経済が悪化していま以上の外貨不足になれば、その自由だって奪われかねない。中国人は天安門事件で、自らが自身の権利を求めるというチャンスを失ってしまった。そうした機会はもう二度とないのかもしれない。

第4章

市井の中国人を絶望の淵に追いやる不動産市場の大失速

バブル崩壊を兆す「二手房」市場の異変

不動産取り引き全体の八割に達した二手房市場の契約件数

中国の不動産市場には「二手房《アールショウファン》」というカテゴリーが存在する。「房」とは「部屋」「住宅」の意味であるが、ここでは「住居用の不動産物件」との意味合いで使われている。そして、一度開発業者によって売り出されて特定の買い手の所有物となった住居用の不動産物件が、この買い手の転売によって再び市場で売り出される場合、それを二手房と呼ぶ。

日本でも中古の不動産物件が売り出されることはよくあるが、中国の二手房は必ずしも「中古」ではない。多くの場合、一度も住居として住まれていないまま、二手房として転売に出されるのである。

二手房の存在の背景には、いままで数十年間、多くの中国人は自分たちの住むマンションや持ち家以外に、投資あるいは投機のために二軒目、三軒目を買っておくのが〝常識〟であったという事情が横たわっている。

これまでは「不動産価格は永遠に上がる」というご多分に漏れずの不動産神話が続くな

経済特区という地の利を活かし中国のハイテク企業の本社所在地（ファーウェイ、テンセント、BYD、ZTE、DJI、OnePlusなど）である深圳のビル街

か、中小企業の経営者から大企業のサラリーマンまで、国家機関の公務員から町の行商人にいたるまで、多くの人々は銀行で多額のローンを組み、二軒目も三軒目も買っておくのが流行となっていた。

そんなトレンドが支配するなか、彼らの一部は起業や海外移民のために、あるいは息子の結婚費用の捻出《ねんしゅつ》などでまとまった大金を必要とした場合、手持ちの不動産物件を転売することもあった。また、もともと値上がりを期待して物件を買っておいた一部の人たちは、当該物件価格が購入時より大幅に上がった場合、利益確定のためにそれを売り出すこともあった。

その結果、中国の不動産市場では「二手房」というカテゴリーが生まれ、「二手房市場」が形成されてきた。最近では、中国の主要都市で二手房市場が徐々に拡大、不動産市場全体の半分以上を占めるまでになった。

北京と上海では、二手房市場の契約件数はすでに不動産取り引き全体の八割に達しているという。新規分譲を押さえて二手房の取引は**市場を支える最大の柱**となっているのである。

五〇〇〇万件にものぼる売れ残りと未入居物件

二手房市場がそれほど大きく成長したのにはふたつの理由があった。ひとつは、不動産市場全体が低迷するなか、不動産開発業者による新規物件の供給が減っていることにある。その代わり、二手房がよく売れて市場規模を拡大することにつながった。

もうひとつの理由は、前述のように年々多くの人々が投資・投機としての二軒目・三軒目の購入が流行《はや》ったことから、二手房の供給源となる「住まない不動産」の数がかなり増えてきていたことだ。

中国においては、住宅として完成してから一年以上にわたり電気・水道をほとんど使わない不動産物件のことを「空置房《コンチーファン》」と呼ぶ。

そうした空置房の多くは業者の売れ残りの不動産在庫であり、あとは投資家が購入したものの実際に住まない物件である。両者を合わせると、全体の物件数はおよそ五〇〇〇万件にのぼっているという試算もある。その内訳は不明だが、もし半分半分であるなら、「二手房」として売り出される不動産物件の予備軍は二五〇〇万件もあることになる。

しかし最近、中国の不動産市場の主力となっている二手房市場に異常が生じてきている。不動産価格全体の上昇のなかで、昨秋まで二手房の価格はずっと上昇トレンドに乗っていたが、昨年九月あたりから、特に一〇月をすぎてから一部の都市部において価格下落が起き始めた。

中国統計局の公表した数字では、北京、上海、広州の三大都市の二手房の販売価格は前月比で〇・二％落ち、もうひとつの大都会である深圳においても〇・六％下落した。

上述の四大都市のみならず、天津《テンシン》・杭州《こうしゅう》・温州・石家荘《せっかそう》・海口《かいこう》などの地方大都市でも、二手房の販売価格は同じく〇・二％前後の下落が見られた。下落の数値自体は微々たるものではあるが、今後下落が継続的な方向となれば、実に深刻な問題を引き起こすこととなろう。これについての分析は後述する。

ターニングポイントとなった昨年一〇月

実は販売価格の微減よりも注目されているのは、昨年一〇月に入ってからの二手房の販売件数の激減、すなわち、二手房市場の急速な縮小である。

一一月五日に発表された不動産専門の研究機関「易居不動産研究所」レポートによると、昨年一〇月に北京、上海、杭州、深圳、成都、南京、蘇州など一〇の大都市で成約した二手房の販売件数は三・九万件であった。この数字は前年同期比で九％減、前月比では何と二五％の急落となった。

たとえば「貝殻研究院」という研究機関の発表によると、昨年一〇月、北京市内の二手房の成約件数は前月比で約四割も減った。

あるいは地方大都市の杭州の場合、昨年六月から二手房の販売件数は毎月連続して減り続け、同一〇月の販売件数は前月比で四二％減。また、一一月一二日、河南省の中心都市・鄭州《ていしゅう》市の発表では、同一〇月に鄭州市内の二手房販売件数は前月比で二九％の減少をみた。

このように北京・上海など全国的大都市や杭州や鄭州などの地方大都市において、昨年一〇月から二手房の販売件数に急ブレーキがかかるという異常事態が起きているのである。

明らかに昨年一〇月がターニングポイントとなった。

その理由は、売りに出された二手房の件数が減少したわけではなかった。なぜなら、同一〇月の二手房の販売価格も落ちており、売り手市場ではないことは明白だ。

販売件数急減の理由は二手房に対する需要が急速に減ったことに尽きるのである。その背後には、やはり経済全体の衰退と米中貿易戦争がもたらしたさまざまな悪影響があったのではないかと推測される。

問題は、仮に今後二手房が売れなくなり、価格も下落し続けていけば、不動産バブルの崩壊を引き起こしかねないことだ。

先述したとおり、中国で多くの人々が自分の住む家以外に二軒目、三軒目を購入、それが「二手房」の供給源となっている。その場合、彼らが住む以外に二軒目や三軒目の住宅物件を購入して資産として保有するにはふたつの前提がある。ひとつは、不動産価格が〝永遠〟に上がることである。彼らにしてみれば、不動産価格が上がっていれば、毎日座っているだけで自分の資産価格が増えていく。

そしてもうひとつは、自分たちが資産として持つ住宅物件はいつでも二手房として売り出すことができることだ。つまり自分が売りたいと思うとき、いつでも買い手が現れ、満足のいく値段で買ってくれることである。

二手房の価格崩壊は新規分譲住宅の価格崩壊を招く

ところが、先にふれたとおり、二手房の販売価格の下落と需要の減少が今後ひとつの趨《すう》勢《せい》となっていくとどうなるのか？

二軒目、三軒目を購入した人たちに由々しき事態が襲いかかってくる。価格が落ちていくと、毎日座っているだけで自分の資産価格が減る。二手房への需要が減って売れなくなれば、保有してきた資産はいつまでも現金にはならないし、投機としての転売はますます難しくなってくる。

そういう状況が訪れるとき、彼らの考えることは同じなのであろう。すなわち、価格がさらに落ちて自分の資産価格がさらに減っていく前に、投機のための転売がますます難しくなる前に、手持ちの住宅物件を一日も早く売りさばいて逃げ切ることである。

けれども、皆が同じ考えで一斉に売り逃げようとアクションを起こせば、場合によって二手房価格は完全に崩れてしまい、二手房市場は崩壊の憂き目をみるのであろう。

そして、大多数が新品同然の二手房の価格崩壊が起きると、新規分譲の住宅物件も大幅に値下げして売る以外にない。これでは、以前からささやかれている中国の不動産バブルの崩壊は現実のものとなってしまうのである。

断供潮時代の到来が意味すること

失業→手持ち物件売れず→ローン返済中断、という泥沼

ここまで記してきた「二手房」問題とは密接な関係にあり、中国経済を潰しかねないもうひとつの危険な動向がある。最近顕著になってきた不動産市場の「断供」の広がりである。

「断供」とは何か？　大づかみに言えば、金融機関からローンを供与され不動産物件を購入したけれど、何らかの理由でローン返済を中断する、あるいはローンの返済を拒否することだ。ローンを組んだ人が失業や病気などの原因で返済能力を失った場合に断供するケースはよくあるが、中国で最近よく見られるのは、次のようなケースである。

経済専門紙「経済観察報」は昨年一二月二三日、「物件が売れない、ローンが返済できない、中年不動産投資者の危機」と題した記事を掲載し、中国で広がる「断供」の実態を

報告した。

記事は冒頭から次のような事例を取り上げた。上海に住む徐堅強（仮名）さんは最近失業した。失業の前、彼は中小企業の経営者向けの研修センターで「特級講師」として働き、経営者たちを相手に経営全般にわたるセミナーの開催や「特別訓練」などを行っていた。当時の徐さんの月給は約二〇万元（約三五〇万円）、中国ではかなりの高給取りであった。

徐さんによると、それまで自分のビジネスが成り立ったのは、上海周辺の地方でいきなりビジネスで成功して富を手に入れた中小企業の経営者が大変多かったからだという。成功したのちの彼らは、自分の経営者としてのレベルアップのために、あるいは単なる箔《はく》付けのために大金を払って研修センターで学んだ。そして徐さんの講義が気にいるとさらに大金を払って彼を地方での講義に招いた。こうして彼の収入は通常の公務員やサラリーマンよりも格別に高くなった。

しかし、昨年初からの深刻な経済不況のため中小企業が大量に倒産、倒産にいたらなくとも業績悪化で経費の節約を余儀なくされている企業が急増した。そうした状況から研修センターに通う中小企業経営者の数は大幅に減少、センターの経営は悪化し、名物講師の徐さんは解雇されてしまった。

高収入を失うと、生活が難しくなってくるのみならず、徐さんにはもうひとつの深刻な問題が生じてきた。彼はこれまで自宅以外に上海市、安徽《あんき》省、浙江《せっこう》省、山東省で計四軒の不動産物件を購入しており、銀行から合わせて一一〇〇万元のローンを組んでいた。そのため毎月の返済額は一〇万元程度にのぼっていた。

月給が二〇万元だったときは、月一〇万元のローン返済は大した問題ではなかったが、失業してしまえば、それはただちに大問題となってきた。

その際、徐さんにとって難局を乗り越える方法は、手持ちの不動産物件をひとつかふたつを売ることである。一軒でも売れたら当分の生活費の当てになるだけでなく、銀行のローンもしばらく返すことができる。

しかし、彼の手持ちの物件がなかなか売れない。徐さんの話では、失業してから彼は手持ちの四軒の不動産を平均価格よりも数十万元値下げして「二手房市場」で売り出したのだが、買手はまったく現れなかった。

こうしたなかで徐さんはやむをえず、苦しい決断を下した。安徽省で購入した物件の不動産ローンの返済を中断したのである。山東省で購入した物件の「断供」も検討している最中であるという。

「有産階級」から「無産階級」への転落

やむなく「断供」した徐さんと当該不動産物件はどうなるのか?

中国の場合、当該不動産物件は金融機関に差し押さえられ、金融機関の手によって競売にかけられる。競売で得られたお金は当然、徐さんの残りのローンの返済に充てられる。それでも不足の場合、徐さんはこれから一生、銀行側の負債者となって返済を迫られ続けるのである。

しかも、いったん「断供」すれば、彼の名前は確実に「ブラックリスト」に登録されてしまい、今後は金融機関からの借り入れは不可能となってしまう。

徐さんは、「断供」で当該の不動産が銀行に差し押さえられると、それを購入するために支払った頭金、これまで支払ってきたローンもすべて無駄になってしまい、不動産一軒分の財産を丸ごと失うことになる。

それほど深刻な事案であるから、彼はいま、上海と浙江省で購入したあと二軒の不動産についてはできるだけ「断供」で失わないよう考えている。だが、現実は厳しい。

就職口を探しながら、貯金を切り崩してローンの返済と最低限の生活費に充てているが、貯金が底を尽き、高収入の再就職もできないとき、徐さんは残りの不動産物件を「断供」せざるをえない。それこそ**一巻の終わり**だと徐さんは語る。そのとき彼は財産すべてを失い、「有産階級」から「無産階級」に転落するのであろう。

大いなる悪循環をもたらす「断供潮」

以上は、経済観察報の関連記事が取り上げた「断供」の典型的な一例であるが、もちろんこのような窮地に陥っている人は徐さん以外にも大勢いる。最近、中国の経済関係の新聞や雑誌、そしてネット上で流行っている言葉のひとつが「断供潮」。

「断供」が潮のように押し寄せてきているという意味であるが、中国経済が深刻な不況に陥って企業の倒産、リストラ、賃下げが広がっているなか、彼のように失業したり収入大幅減となり、不動産購入の銀行ローンを返済できない人は急増中である。

しかも、長年続いてきた不動産バブルに乗り、普通のサラリーマンや公務員が自分の返済能力ギリギリの線で銀行ローンを組み、二軒目も三軒目も買ってきたことから、今後、経済の深刻な不振が長引けば、「断供潮」はさらに拡大していくのであろう。

「断供」が拡大していくと、このように財産を失って「無産階級」に転落する人も急増するにちがいない。しかしながら、中国の内需の大きな部分は彼ら有産階級、あるいは中産階級によって支えられている。

彼らの多くが破産して無産階級に転落すると、消費の拡大はますます難しくなっていき、内需はますます縮小する。ただでさえ対米貿易戦争により、中国の対外輸出が萎縮《いしゅく》している最中だから、内需の縮小は中国経済にさらに大きな打撃を与えて、さらなる企業の倒産、リストラ、賃下げを招くこととなろう。

さらなる企業の倒産、リストラ、賃下げは当然、徐さんのようなケースを増やすことになり、さらなる「断供潮」の拡大をもたらし、さらなる「無産階級」の拡大につながるのである。

中国経済はこうして、「断供→経済の悪化→さらなる断供→さらなる経済の悪化」という悪循環に陥ってしまい、衰退する一方の道をたどっていくのであろう。

その一方、断供の広がりは不動産価格の下落を招くであろう。不動産の所有者が「断供」すると、当該不動産物件は銀行の手によって競売にかけられることは前述のとおりであるが、不動産市場が不振のなかで、「競売」と言っても、実際は不動産の平均価格より安い価格で売り出されるケースが圧倒的に多い。

そうすると、「断供＝競売」の広がりは当然、不動産価格全体の下落を招くこととなろう。それが不動産価格の崩壊につながるかどうか、今後の動向はまさに要注意である。

法外な低価格から脱出できぬ絶望的な全国八四「縮小型都市」

北京相場の一五〇分の一まで下落してきた地方のマンション価格

中国東北部の黒龍江《こくりゅうこう》省に鶴崗《かくこう》市という都市がある。人口は一〇九万人あまりで、中国でいえば地方小都市のひとつである。かつて鶴崗市は中国有数の石炭産地として全国的に有名であったが、のちに炭鉱がすたれるのにつれ、その存在は徐々に地元以外の人々の視野から消えつつある。

しかし最近、この鶴崗市は再び全国から「脚光」を浴びることとなった。その理由は、鶴崗市内における、信じられないほどの不動産価格の下落がメディアによって取り上げられたからであった。

たとえば中央テレビ局の「央視財経」という番組が現地取材したところでは、市内で五〇平米の新規分譲マンションの物件が二万元（約三一万円）の金額で売り出されており、一平米換算では四〇〇元の価格となっていることが確認された。あるいは「金融界」というウェブサイトが報じたところでは、鶴崗市内で一・九万元や一・六万元で買える物件もあった。

「五〇平米の新規分譲物件は二万元」と言っても日本人にはピンとこないかもしれないが、いまの中国人なら、それを聞いてびっくり仰天して開いた口がふさがらないはずである。それは、信じられないほどの法外な低価格だからだ。

いったいどれほど法外な低価格なのか。上海・北京などの大都会と比べればそれは一目瞭然である。たとえば本年四月末、ウェブサイト「城市房産」に発表されていた北京市内の新規分譲物件の平均価格は「一平米六・二六万元」であり、上海市内の今年四月の不動産平均価格は「一平米四・五万元」である。

北京の場合、「一平米六・二六万元」ならば五〇平米の新規分譲物件の平均価格は三一三万元（約四九〇〇万円）となる。要するに、同じ面積の分譲物件なら、前述の鶴崗市内のそれは何と、北京の一五六分の一の価格でしかない。二万元あれば鶴崗市内では新規分譲のマンション一室を買えるが、北京では一平米の三分の一も買えない計算だ。

最新ファーウェイの携帯電話の四台分にもならない新規分譲物件価格

もうひとつの価格的比較をしてみれば、鶴崗市の不動産価格の法外な安さがより明確になろう。たとえば、いま問題になっているファーウェイが四月に発売したスマホの新機種は定価が五四八〇元であった。鶴崗市内の五〇平米の新規分譲物件の価格は結局、ファーウェイの新機種の四台分にもならない。どれほど黒龍江省鶴崗市内の不動産価格が異常な安さであるか、よくわかるだろう。

だからこそそれは全国的に注目されていて人々を仰天させた。一部のメディアはふざけて、鶴崗市の不動産価格を**「白菜価格」**と呼んで揶揄《やゆ》するのである。

「白菜価格」となった理由はどこにあるのか？　この一件を取り上げた多くのメディアが分析しているように、最大の理由はやはり、鶴崗市という小都市全体の衰退にある。鶴崗市は以前、黒龍江省内の四大石炭生産基地のひとつであり、石炭の産出量は全国第四位を誇っていた。

しかし、石炭資源が徐々に枯渇してきて、二〇一一年には国家によって「資源枯渇型都市」に認定された。それにともない、石炭産業全体が衰退、若者たちの大量流出により人口は減る一方となった。中国ではそうした都市を「**縮小型都市**」と呼ぶ。

産業がすたれて人口が減るなか、鶴崗市の地方政府は何とかして経済を振興すべくいろいろと方法を模索したが、最終的には全国の各地方都市と同様、不動産業の振興に活路を見いだすことにした。

不動産をつくればGDPも大幅に上がるし、地方政府は土地の使用権の譲渡から豊富な財政収入を得ることもできる。ご多分にもれず、鶴崗でも過去一〇年間において地方政府のバックアップの下で不動産投資ブームが起き、大量の不動産が建設された。

しかしその一方、産業全体が振るわず人々の収入が上がることもなく、人口も流出しつつあるという状況下では、不動産の買い手が思惑どおりいるわけがない。

未来の見えない辺境な都市であるだけに、不動産価格の高騰を見込んで外部から投資してくる投資者もいない。それでは不動産をつくっても最初から高い価格は設定できないし、割安の価格設定でもなかなか売れないから、どんどん値下げしていくしかなかった。挙げ句の果てには、鶴崗市の不動産価格は全国的に有名な「白菜価格」となったのである。

大都市の物件分譲価格もやがて頭打ちとなるのは必至

以上は、「縮小型都市」である鶴崗市の笑えない不動産事情であるが、このような状況となっているのは何も鶴崗市だけの話でもない。

北京にある首都経済貿易大学の呉康副教授のレポートによると、全国にいま八四の「縮小型都市」があると示されている。多くの中小都市では、鶴崗市と似たような状況が生じてきているのだという。

たとえば、同じ「縮小型都市」である遼寧《りょうねい》省の阜新《ふしん》市では最近、新規分譲マンションの物件が一平米六〇〇元程度に下がっていることが報告されており、四川省瀘州《ろしゅう》市では一平米八五〇元の価格で分譲物件が買えるとも報じられている。

このような状況は中国の不動産市場の今後にとり重大な意味を持ってくるのであろう。まずは北京、上海などの大都会で見てみよう。北京の場合、新規分譲物件の平均価格が「一平米六・二六万元」であることは前述のとおりであるが、いまの為替レートで日本円に換算したら約一〇〇万円。要するに北京市内で一〇〇平米のマンション一室を買えば日本円にして約一億円もかかる。そして北京の中心部となればそれは数億円になる。

しかし中国国民の平均所得はせいぜい日本人の五分の一程度であるから、大都会の不動産価格はいずれ頭打ちになってくることは容易に想像がつくであろう。

しかしその一方、前述の鶴崗市のケースが示したように、不動産市場の裾野《すその》となる全国の小都市の不動産価格は法外な低価格から脱出できず、不動産市場の低迷は当面続きそうだ。そうすると、不動産開発業者はますます大都会に集中して不動産投資を展開していくこととなろうが、その結果、小都市の不動産価格が低迷したまま、大都会だけで不動産の価格はさらに高騰していくこととなるのであろう。

だが、そうした展開にしてもどこかの時点で極限に達するなら、価格の上昇は必ず止まり、場合によって下がる方向へ転じていくのかもしれない。

そうすると、全国の大都市と小都市で不動産市場の停滞がいっせいに始まり、不動産市場の繁栄によって支えられてきた中国経済の高度成長の終焉《しゅうえん》はよりいっそう、決定的な流れとなっていくのであろう。

閑話休題

〈天安門事件は中国をどう変えたのか〉その4

西側の思惑を見切っている習近平

中国が天安門事件以降三〇年間、無理に無理を重ねて実現させてきた経済成長のツケがこれから回ってくる。

外国人記者　「天安門事件についてどう思うのか？」

外務省報道官「中国がどれほど繁栄しているか見てください。それが答えです」

毎年六月四日、外国人記者を招いた中国政府の記者会見では、このようなやりとりがなされてきた。つまり、共産党にとっては経済的な繁栄こそが政権を正当化する根拠だったわけである。しかし経済発展が怪しくなってくると、習近平は政権運営をより確実にするために、国民に与えた経済的自由についても回収にかかるにちがいない。

習近平は共産党の伝統であった集団指導体制も壊して、毛沢東時代のような個人独裁に先祖返りしており、いまは習近平が望めばすぐに戦争もできてしまう体制になってしまった。

返す返すも残念なのは、天安門事件後の西側諸国の中国に対する生ぬるい態度である。制裁と叫びながら、本気で中国を懲らしめようとする国は見られなかった。みな中国の廉価で無限と思われる労働力が必要であったからだ。

九二年に鄧小平が「南巡講話」を行うと、外資企業の猛烈な中国詣でが始まった。これを見て中国共産党は味をしめた。いくら国内で人権を弾圧しても西側諸国は本気で文句を言わない。特に日本は何も言わない。

そうした経緯もあって、習近平政権には中国共産党政権七〇年の〝**悪知恵**〟が集大成されている。だからウイグル人に対して大弾圧を加えながら、四月末には何食わぬ顔をして「一帯一路」をテーマに国際会議を北京で開催した。どうしてそんなことができるのか。習近平は西側諸国が掲げる「普遍的価値観」なるものは看板だけで、「おまえらは金儲けしか頭にないんだろう」と見切っているからだ。

胡錦濤政権時代まではかろうじて独裁体制に対する後ろめたさがあったのだが、習近平は**「独裁で何が悪いのだ」**と開き直っている。

第5章

アリババ・馬雲引退に見る中国企業家の悲哀

指摘される習近平下ろし勢力に関わった可能性

対米貿易戦争での習指導部の失敗を辛辣に批判したアリババ傘下の香港紙

中国IT最大手であるアリババグループの馬雲（ジャック・マー）会長は昨年九月一〇日、一年後にはグループ会長の職から退き、引退する旨を正式に発表した。

二〇年近く前に自身のアパートの一室でアリババを創業し、それを時価総額アジア一の大企業に育てた馬雲。企業家として脂の乗った五五歳で引退するのはなぜなのか。不審に思う人は国内外を問わず大勢いるが、馬雲自身の説明としては、企業経営の第一線から引退して慈善事業や教育事業に力を注ぎたい、ということであった。

しかしそれで納得した人はそう多くはない。慈善事業や教育事業なら、第一線の経営者として兼務でもやっていけるはずだし、六〇代や七〇代になってからそれをやるのも遅くはない。何と言っても、大企業の創業者としては五〇代半ばの引退はあまりにも早すぎるのである。

それでは彼はいったい何の理由があって早期引退となったのか。

「偽物は本物より優れている」「天安門事件での鄧小平の決定は当時においてはもっとも正確な決定だった」などといった物騒な発言をしたこともある

それはおそらく、「政治」とおおいに関係があると思う。昨年七月から八月にかけて中国国内で習近平に対する批判が高まり、一時は共産党内で「習近平下ろし」の動きもあったが、実は馬雲も、この一件に関わったとされる。

彼が買収してアリババの傘下に置いた香港の南華早報（サウスチャイナモーニング・ポスト）という英字新聞は、七月と八月の二度にわたり、米中貿易戦争に関する記事を掲載した。そのいずれもが、アメリカとの貿易戦争にあたっての習近平指導部の失敗、失策を辛辣《しんらつ》に批判したものであった。

内容を大づかみに言うと、米中貿易戦

争の展開にあたり、中国の最高指導部を取り巻くのはイエスマンばかりだから、トランプ政権の〝**本気度**〟などアメリカ側の情報が最高指導部に正しく伝わらなかった。その結果、最高指導部が誤った判断を下したというもの。名指しこそはしないものの、それは明らかに習近平の個人独裁と側近政治の弊害《へいがい》を指摘したもので、習近平に対する批判と見てとれた。

さらに、対米貿易戦争において中国側には勝ち目はないから、アメリカに早めに降参すべきだとも書かれており、これは習近平主席の「**徹底抗戦**」の方針に反発したものであると理解できよう。

一度の掲載ならまだしも、自分の傘下にある新聞が二度にわたり習近平指導部を批判する記事を掲載したことは、アリババトップの馬雲がまったく知らないとは考えにくい。彼の同意のうえで掲載されたのであろう。あるいはひょっとしたら、**馬雲自身がその黒幕**である可能性もないわけではない。

自ら江沢民派とつながりを持った馬雲

問題は、彼は何のために、中国国内の習近平批判の動きに参加したのかである。ひとつの可能性として考えられるのは、馬雲と江沢民《こうたくみん》の孫である江志成《しせい》との関係だ。

江志成は今年三三歳で、江沢民長男の江綿恒《めんこう》・上海科学技術大学学長の息子である。二〇一〇年にハーバード大卒業後、米大手投資銀行ゴールドマン・サックスの香港現地法人勤務を経て、二〇一一年に香港を拠点に「博裕投資」というファンドを創設した。

それ以来、「博裕投資」は上海や北京の空港で免税店を展開する会社や国営の銀行不良債権処理会社への投資により巨額の富を築いてきた。そしてファンドが設立された直後から、アリババに投資して相当数の株を持つ株主となった。

当時のアリババはすでに国際的知名度のある大手となっていたから、資金の調達に困ることはなかったし、設立したばかりの「博裕投資」に株を買ってもらう必要もなかった。実態は、馬雲が江志成の背後にいる政治勢力と接点をつくるために、「博裕投資」に自社の株を持たせたのであろう。何しろ、当時は胡錦濤政権ではあるが、引退した江沢民とその一派は依然として中国の政界で大変な勢力を持っていたからであった。

江志成を株主にすることにより、馬雲は江沢民一派とのつながりができた。それはおそらく、のちのニューヨーク株式市場での上場などアリババのさらなる躍進にもつながったのかもしれない。とにかく馬雲の背後には**江沢民一派がいる**ことは事実である。

馬雲傘下の香港紙が昨夏、習政権批判の記事を二度も掲載したことの理由は、まさにここにあるのではないか。先にふれた昨夏の中国国内における「習近平下ろし」の黒幕が江沢民とその残党たちであるとされているからだ。おそらく馬雲は、江沢民一派から頼まれて、自分の傘下の南華早報に前述の批判記事を書かせ、江沢民一派の「習近平下ろし」に弾薬を提供したかったのであろう。

これまでも中国共産党上層部での権力闘争が激しくなると、闘争の一派が相手を攻撃するため香港メディアにそのための材料を提供、香港のメディアを闘争の道具として使ってきた。今回も江沢民一派は同じ手を使ったのかもしれない。そして南華早報のふたつの記事が取り上げた対米貿易戦争の一件は、まさに習政権の最大の失策のひとつであり、「習近平下ろし」を謀《はか》る人々にとっての格好の攻撃材料であった。

それが馬雲傘下の南華早報が習近平批判記事を二度も掲載したことの背景であろう。つまり、馬雲は中国の政治闘争に巻き込まれて、江沢民一派の「習近平下ろし」に加担したということになる。

「中国の企業家が良い結末を迎えることはない」と悟っていた馬雲

しかし馬雲にとり不幸なことに、この「習近平下ろし」は中途半端に終わってしまい、目的をまったく達成できなかった。昨年八月の「北戴河《ほくたいが》会議」ののち、習近平は依然として最高指導者の椅子に座り、その地位に大きな変化はなかった。もちろん、昨夏以来の一年の動きにおいて習近平の権威が大きく損なわれ、「唯我独尊」の個人独裁に翳《かげ》りを見せたことは事実であるが、いまのところはとりあえず習近平は、「**皇位防衛戦**」にひとまず成功したと見てよい。

そうなると、不覚にもルビコン川を渡った自分のことを後悔して、今後のわが身を心配しなければならないのは馬雲のほうであろう。習近平がそのまま権力の座についていると、恐ろしい報復がいつわが身に降りかかってくるかわからない。

彼にとりわが身を守り、アリババという企業を守っていくためには、自ら身を引いて企業経営から退くしかなかったのである。

アリババの経営から身を引けば、たとえば将来において自分が粛清されることがあっても、自分の育てたアリババは生き残れるだろうとの計算は馬雲にあっただろうと思われる。

また、引退後に教育や慈善事業に精を出し社会的に高く評価されることにより、習近平が自分に手を出しにくいような状況をつくりたい。それもあったろう。

いずれにしても、馬雲の早期引退の背後には、江沢民派と習近平との権力闘争がからんでいたことはほぼ確実である。馬雲が一年後の引退を決意したことや、あるいは馬雲が自分さえ引退すれば習近平の報復から逃れると思っていることを勘案すると、おそらく両派の闘争はいまだに決着がついていない。

江沢民派は昨夏の「習近平下ろし」に失敗したものの、依然として一定の勢力を保っていて、いますぐに粛清されるような最悪の事態からは馬雲を守ることができるのであろう。しかし今後はまったくの未知数であることから、馬雲としては早めに身を引いたほうが得策であろう。

おそらく馬雲は以前から、自分がいずれこのような結末を迎えることをわかっていたのであろう。実際、いまから七年前の二〇一二年一〇月、馬雲がメディアからの取材を受けたとき、「**中国の企業家には良い結末はない**」と述べたことが話題を呼んだが、賢明なる彼は、中国の企業家の抱える大いなるジレンマを誰よりも認識していた。

このジレンマとは、自分の企業を一定の規模以上に大きく飛躍させたいなら、どこかの政治勢力に身を寄せてその保護と支持を受ける以外にない。ただし、身を寄せた政治勢力が潰れる、あるいは何らかの権力闘争に巻き込まれると、犠牲となって滅びるのは企業家自身のほうである。

実際に馬雲自身、いままで政治闘争に巻き込まれて身を滅ぼした企業家を数多く見てきたはずである。それらはどういう人々なのか、彼らはどのような破滅の道をたどったのか。

民間企業家と腐敗した共産党幹部の共倒れが増加中

毎年のように起きている著名企業家の悲劇

ここまでは共産党政権上層部の政治闘争に巻き込まれて不本意な早期引退に余儀なく追い込まれた馬雲の「悲劇」を記した。しかし、それは何も馬雲に限られたことではない。共産党一党独裁の中国では、企業家が政治との関係により、あるいは経営の失敗以外のさまざまな理由で破滅の道をたどるケースは少なくない。

まさに馬雲自身がかつて嘆いたように、「中国の企業家には良い結末はない」のである。

実はこの十数年以来、中国トップクラスの企業家が何らかの罪を問われて身を滅ぼしている。

たとえば一九九四年の中国富豪ランキング第四位で、「フォーブス世界富豪ランキング」にも登場したことのある大富豪の牟其中《むきちゅう》が二〇〇〇年、「信用詐欺」の罪を問われて一八年の有期懲役となった。捕まる前には、彼は中国国内と海外で二〇以上の企業と七つの研究所を持つ南徳集団のトップを務めていた、多角経営に携わる中国の代表的な民間経営者であったが、二〇一六年まで獄中にいた。

二〇〇二年には個人資産一〇〇億元以上を持つ、一九九八年度の中国富豪ナンバーワン（中国語では「首富」）であった郭建新《かくけんしん》が「契約詐欺罪」で無期懲役の判決を受けた。経営者時代の彼は国内で一四の農場や養鶏場などを経営、一万人以上の従業員を雇い「新時代の大農業」への夢を見ていたが、それも見事に破れた。

同じく二〇〇二年に、二〇〇一年度の「フォーブス中国富豪ランキング」第三位だった大富豪の仰融《ぎょうゆう》が「経済犯罪」に手を染めたとされ逮捕された。経済学博士の学位を持つ彼は、中国国内とニューヨークで六つの上場企業を擁し、資本市場と自動車産業の両方で名を馳《は》せた大企業家であった。

二〇〇三年には、オランダ国籍を取得した元中国人経営者である楊斌《ようひん》は、「違法な土地買い占め」などの罪で、一八年の有期懲役の判決を言い渡された。彼は東北部の遼寧省で大規模な農業投資を行ったり、「オランダ村」という大型プロジェクトを進めた有名人で、二〇〇一年度の「フォーブス中国富豪ランキング」では第二位であった。

同二〇〇三年、全国的に有名な民間企業家の周正毅《しゅうせいき》が「証券市場攪乱《かくらん》」などの罪で刑務所入りとなった。彼は二〇〇二年度「フォーブス中国富豪ランキング」の第一一位、株売買で財を成したあと、農業、不動産開発、高速道路建設、貿易などの事業経営に乗り出した。逮捕される前にはグループ全体で四〇〇〇人の従業員を雇い、五・四億ドルの年商を誇っていた。

二〇〇八年には、それこそ中国の大富豪のなかの大富豪であり、飛ぶ鳥を落とす勢いの黄光裕《こうこうゆう》が贈賄《ぞうわい》や脱税などの七つの容疑で逮捕された。中国の財界事情に詳しいイギリス人のフーゲワーフ（中国名は胡潤）が「フーゲワーフ中国富豪ランキング」を毎年発表しているが、黄光裕は二〇〇四年度、二〇〇五年度、二〇〇八年度の三回にわたり首位となっていた。彼が経営する国美集団は、全国八八の都市で三三〇店以上の直営店と四万人の従業員を擁する家電販売の最大手であった。

習近平政権の腐敗摘発運動とパラレルで増加してきた大物企業家の逮捕者

以上は、二〇〇〇年代において**刑務所入り**となった中国の代表的な大物企業家の実例だが、二〇一〇年代になってからも状況は変わらない。

二〇一八年四月に、北京師範大学・中国企業家犯罪予防研究センター主催のシンポジウムにおいて「企業家腐敗犯罪報告」が発表された。

二〇一四年から一七年までの四年間、全国で逮捕された企業家は二三三七名にのぼり、毎年上昇傾向にあるという。報告書によると、彼らの犯した犯罪のベスト三は贈賄《ぞうわい》、収賄《しゅうわい》、横領である。贈賄はおもに民間企業家が犯す犯罪。一方、実質上共産党幹部の身分である国有企業の経営者は「収賄」で捕まるケースが多いとされる。

同じ北京師範大学・中国企業家犯罪予防研究センターが二〇一六年四月に発表した「二〇一五年中国企業家刑事事件報告」によると、二〇一四年一二月一日から一五年一一月三〇日までの一年間、全国で九二一名の企業家が逮捕されている。そのうち、国有企業経営者が一七〇名で全体の一八・四六%を占め、民営企業経営者は七五一名で全体の八一・五四%であった。

民営企業の経営者の逮捕が多いのは、やはり彼らが経営をつながなく行っていくためには要所要所の幹部たちに贈賄、あるいは政治権力と癒着《ゆちゃく》したりしなければならなかったからである。贈賄相手の幹部、あるいは癒着関係にある幹部が腐敗摘発で捕まると、彼ら民間企業家も「共倒れ」の形で罪を問われることになった。

特に二〇一三年から習近平政権が腐敗摘発運動を全力を挙げて進めるなか、民間の企業家が腐敗幹部と共倒れになるケースが増えている。

たとえば二〇一三年、元鉄道部部長（鉄道省大臣）の劉志軍《りゅうしぐん》が日本円にして約一一億円相当の収賄を行った罪で**執行猶予付きの死刑判決**を受けた。その劉志軍を利用していた女性実業家・丁書苗《ていしょびょう》も同時期に逮捕され、懲役二〇年の有罪判決を受けた。

小卒の学歴しかない丁書苗は劉志軍と十数年以上の付き合いがあり、劉が鉄道省内でさまざまなポストに昇進していくのにつれ、彼女は劉志軍とのコネを利用し莫大な鉄道利権を手に入れて巨富を築き上げた。それと引き換えに劉志軍に巨額の賄賂を送り、劉の昇進のための「工作資金」まで提供した。しかしいまは、劉志軍と丁書苗はともに獄中にいる。

二〇一五年に収賄などの罪で懲役一五年の有罪判決を受けたのは江蘇省南京市元市長の

季建業《きけんぎょう》であった。彼が摘発、逮捕されると、江蘇省の「首富」と称されていた企業家の朱《しゅ》興良《こうりょう》と江蘇省呉中集団董事長《とうじちょう》（会長）の朱天暁《しゅてんぎょう》が「連座」の形で逮捕された。

朱興良は二〇一三年度の「フォーブス中国富豪ランキング」で五五位。個人資産二〇億ドル以上を持つ大富豪であった。

彼は一九八〇年代、当時新聞の編集者であった季建業と知り合った。以来、季建業が江蘇省省内の各地方でさまざまな要職を歴任していくなか、朱興良は季建業との癒着でさまざまな便宜《べんぎ》を図ってもらい事業を拡大した。季建業が腐敗摘発で政治生命を絶たれると、当然ながら一蓮托生《いちれんたくしょう》の朱興良も破滅の運命から逃れられなかった。

二〇一四年一月、朱興良も逮捕され、獄中の人となった。ネットで流布された話では、元大富豪の彼は獄中では編み物を習って時間を潰し、カップラーメンを食べたくても叶えられなかったという。

鄧小平一族を沈黙させるための格好のターゲットとなった呉小暉

習政権に必須だった旧勢力の排除

権力者と癒着してうまい汁を吸う企業家の悲惨なる結末を紹介してきたが、実は最近、それこそ中国トップクラスの権力者家系とのコネで一大事業を起こした、もう一人の大富豪が朱興良と同じ運命をたどった。

あの改革開放の設計者・鄧小平の孫娘と婚姻関係にあった呉小暉という男は、二〇〇四年に安邦保険という保険会社を創立、一〇年余りで保険業を中心に金融・証券業務にも進出し、年商二兆元の金融集団に急成長させた。そんな奇跡的な大成功を収めたのには、本人の実力以上に、鄧小平一族とのコネが決め手であることは誰もが知っていた。

江沢民も胡錦濤も故鄧小平の指名により権力の座に就いたものだから、江沢民政権時代と胡錦濤時代においては、鄧小平一族は依然として大きな影響力を持っていたからである。

ところが二〇一二年一一月から習近平政権時代に入ると、状況は完全に変わった。最高指導者になった習近平には、江沢民や胡錦濤のような鄧小平一族に対するおもねりは、いっさいなかった。

そして習近平が独裁者となっていくプロセスにおいて、旧江沢民派や鄧小平一族に代表されるような**「旧勢力」**を一掃すること、あるいは徹底的に黙らせておくことは、習政権にとり政治的に不可欠であった。

おそらく鄧小平一族を沈黙させ、自身の絶対的な権威を樹立するために、習近平主席は鄧小平一族につながる誰かを見せしめとして潰しておく必要があった。

その格好のターゲットになったのが呉小暉だったのだ。鄧小平一族とつながりを持ちながら、鄧小平の血を引いた人間ではない。しかも大富豪であった。

二〇一七年六月、呉小暉は当局により拘束された。一八年二月には横領罪などの罪で起訴され、五月には懲役一八年の有罪判決を言い渡された。それと同時に、一〇五億元（約一七二五億円）の個人財産も没収された。

中国ゆえに企業家が抱えなければならないジレンマと悲哀

ここまで共産党幹部への贈賄行為で政治権力と癒着、ビジネスでの成功を収めて巨額の富を手に入れながら、破滅の結末を迎えた多くの中国トップクラスの企業家たちの話を紹介してきた。

中国という国の独特な政治環境、ビジネス環境のなかで、贈賄などの悪辣《あくらつ》な手段を用いなかったら、あるいは政治権力との癒着が最初からなかったら、彼らのほとんどはおそらく、あれほどの成功を収めることはできなかったであろう。

しかしながら、このようなことにいったん手を染めてしまうと、彼らは自分たちの運命を政治に委《ゆだ》ねる以外に選択肢はなくなってしまう。

何らかの政治情勢の変化が生じると、あるいは何らかの政治権力闘争に巻き込まれてしまうと、彼らは結局、政治権力によっていとも簡単に潰されてしまい、すべてを失うのである。

それは中国の企業家たちの抱える深刻なジレンマと悲哀にほかならない。

中国の「**社会主義市場経済**」に身を置く企業家たちに、果たして未来はあるのだろうか。

閑話休題

〈天安門事件は中国をどう変えたのか〉その5

習近平が打ち出した新概念「人類文明共同体」は中華思想そのもの

大仰でなくいま、国際社会と中国との文明の衝突が起きている。民主主義や人権を大事にする陣営と、それらを無視する独裁体制との対立は、習近平政権になってからは激しさを増す一方である。アメリカとの衝突も避けられなかった。不可避《ふかひ》であったと思う。

天安門事件で始まった戦いは、文明社会と独裁体制との戦いという形になり代わり、いまなお続いている。天安門事件を鎮圧したことで中国という国家が強化され、西側諸国もそれを追認してきたのは、人類の歴史の〝**汚点**〟だと思う。

中国は習近平政権になってますます、経済力・軍事力にモノを言わせて、周辺の国々に自分たちの思想を押し付けようとしている。

これまで三〇年間、私には「天安門で死んだ仲間たちに顔向けできない」という思いがあった。しかし、ここにきて私は日本人として中国の独裁政権と戦うことが、死んでいった仲間たちと〝**つながる**〟ことだと再認識するにいたった。

畏友《いゆう》である矢板明夫氏によると、最近、中国は外交で「人類文明共同体」という新たな概念を打ち出しているという。彼曰く、これは人権の尊重や民主主義といった普遍的価値観に対抗してつくり出された概念で、要は個々人が犠牲にされ、個人の人権や価値観は否定され、秩序を乱す者は排除されるという論理である。

この「人類文明共同体」という言葉は、習近平外交思想の中核といわれ、近年中国が他国と外交文書を交わすとき、必ず盛り込まれることになっている。よくよく考えてみると、「人類文明共同体」を維持するためには、中国以外の国の主権も制限されることになってしまうわけだから、結局、「中華思想」の言い換えにすぎない。

中国国内においては、すでにその概念が政策に強く反映されている。少数民族のすべての権利を奪って、漢民族の「人類文明共同体」にインボルブする。有無を言わさずチベット人やウイグル人を漢民族の共同体に引きずり込み、そこから逃れることを許さない。彼らは地獄で暮らしているに等しい。われわれ天安門事件を生き残った人間は自身のためにも、そうした地獄の共同体の実現を防ぐためにも戦わねばならない。

言っておきたいのは、習近平自身は**日本が大嫌い**であるということだ。彼は最高指導者になってから、盧溝橋《ろこうきょう》事件の七月七日の7・7抗日戦争記念日、いわゆる南京大虐殺犠牲者国家追悼日の一二月一三日を国家の記念日に制定している。

この意味をおわかりだろうか。今後、日中関係が少々改善しようが、今後数十年にわたりふたつの記念日は残る。習近平は日中友好などまったく考えていない。これほどわかりやすい証左はない。

第二、第三の天安門事件が起きるのは時間の問題である

二〇一九年七月二四日、人民日報は第一面で、李鵬《りほう》元首相死去の訃告《ふこく》を大きく掲載した。党中央と中国政府の名義で発表された訃告はまず、「政治家李鵬」のことを高く評価し、故人の生前の実績とはあまりにもかけ離れた、「傑出した革命家、卓越した指導者」などと最高級の賛辞をささげた。

死去した元指導者に対するこのような褒め方は、鄧小平死去以来のことであろう。一九八八年に首相になってからの十数年間、李元首相はむしろ、鄧小平が進める改革に対する抵抗勢力の中心人物の一人として、知識人や若者たちの民主化訴求に対する超強硬派として知られていた。それが故に、李は現役および引退してからも、国民の間では大変不人気であって問題の多い人物であった。その彼が死去に際し、習近平政権から前述のような高

い評価を受けたことは実に意外に思われるが、それは、習政権と習近平主席自身の政治的スタンスを表している。

つまり習主席はこれで、自分自身が鄧小平や胡耀邦らの党内改革派・開明派よりも、李鵬のような保守・強硬派勢力の政治路線の後継者であることを内外に宣言したのである。

訃告でもうひとつ注目すべき点は、一九八九年の天安門事件における彼の役割をことさらに取り上げて高く評価したことだ。このくだりの原文（邦訳）はこうである。

「一九八九年春から初夏までの政治風波（騒動）に当たり、李鵬同志は旗幟《きし》鮮明にして、政治局大多数のメンバーとともに果敢なる措置を講じて動乱を制止し反革命暴動を鎮め、国内情勢を安定化させた」

この文言を読んだとき、私はさすがに驚いた。三〇年前の天安門事件当時とその直後、共産党政権は確かに「動乱」と「反革命暴動」といった表現を使って民主化運動を厳しく非難し、当局の血の鎮圧を正当化していた。だが、時がたつにつれ、天安門事件のことを人々の記憶から遠ざけようとする思惑から、政権側は事件のことにあまり触れなくなって、「動乱」とか「暴動」とかの際どい表現をできるだけ避けるようになった。

たとえば一九九七年二月の鄧小平死去の際、彼こそは天安門の鎮圧を主導した最高責任者であったにもかかわらず、党中央が発表したその死去の訃告に「動乱」や「反革命暴動」などの言葉はいっさい出てこなかった。天安門での鎮圧行動はなかったことにされたわけである。それ以来、政権側はやむをえず天安門の一件に触れたときでも、「動乱」や「暴動」に対する鎮圧のことにはいっさい言及せずに、「政治風波」という表現ですべてをごまかそうとした。

こうしてみると、この訃告において「動乱」や「反革命暴動」の表現が再び用いられたこと、「暴動を鎮めた」彼の「功績」が褒めたたえられたことは、実に重大なる意味を持つ。

要するに習近平政権はもはや、天安門の血の鎮圧を隠そうとはしない。習主席はまさに李鵬らの強硬路線の後継者として、共産党の一党独裁体制を守るためには今後、天安門の血の鎮圧と同様の「果敢なる措置」も辞さないことを堂々と宣言したのである。

そして、この「鎮圧宣言」が訃告の形で出されたのと同じ日、中国国防省報道官は、香港での抗議活動に対処するため中国軍が出動する可能性について初めて言及した。

習政権はいよいよ本性をむき出しにして、大変危険な方向へと走り出したようだ。香港と中国本土で今後、第二、第三の天安門事件が起きるのは時間の問題であろう。国際社会はおおいに注目すべきである。

第6章

中国政府にとり至上命題となった「孟晩舟救出」

ファーウェイ・孟晩舟拘束後の空白の一週間

事件発生から一週間後に猛抗議を始めた中国

中国の通信機器大手「ファーウェイ（華為技術）」の孟晩舟《もうばんしゅう》最高財務責任者がアメリカの要請でカナダにおいて身柄拘束された一件、今後の焦点はアメリカへの引き渡しが実現されるかどうかに絞られてきた。

この件に関して、特に注目されているのが孟晩舟逮捕に対する中国政府の異様に激しい反応ぶりであった。ここで当時を振り返ってみよう。

昨年一二月八日、中国の楽玉成《らくぎょくせい》外務次官は中国に駐在するカナダ大使を呼び出し、「厳重抗議」を行った。楽次官は孟容疑者の即時釈放を要求するとともに、「今後、厳しい結果が生まれたとしても、カナダ側が全責任を負わなければならない」と述べた。

翌九日の人民日報はこの抗議のニュースを掲載したのと同時に、この一件に関する論評文を掲載した。論評文は孟拘束に関して「性質がきわめて悪辣《あくらつ》」との表現で激しく批判し、「カナダ側が誤りを改めなければ、大きな代価を払うこととなる」と露骨な恫喝《どうかつ》まで行った。

そもそも逮捕された容疑は対イラン経済制裁に違反して金融機関を不正操作したことだった。カナダの裁判所は米国への身柄引き渡し審理を2020年1月20日に始める

その日、国営新華社通信も同じような調子の論評を配信して、カナダに対する批判と恫喝を行った。

同九日、楽玉成外務次官は今度はアメリカの駐中国大使を呼び出して強く抗議、アメリカ側に「すぐに過ちを正し、逮捕状を取り消すように」と求めたうえで、「アメリカの行動を見極め、次の対応を決める」と強調した。

中国政府は八日と九日の両日、カナダ、アメリカ両国の大使を相次いで呼び出して「厳重抗議」を行ったり、人民日報と新華社通信がそろって激しい口調の論評を掲載したりして、近年でもまれに見る激しい反応を示した。

こうして当時を振り返ると、孟晩舟の拘束は中国にとり実に重大なことであろうと思われるが、よく考えてみれば、そこにはひとつ不審な点があった。

周知のとおり、孟晩舟がカナダで拘束されたのは現地時間一二月一日であった。ところが、中国政府が上述の激しい反応を示し始めたのはその一週間後の八日からであった。この空白の一週間、中国側はほとんど沈黙を保っていたのはなぜだったのか。八日になってからあれほど激しく反応したのに、その前にどうして黙っていたのであろうか。

カナダになりふり構わぬ圧力をかけた中国政府

この謎を解く鍵は、習近平国家主席の外交日程にあった。彼女が拘束された一二月一日、習主席はアルゼンチン・ブエノスアイレスでトランプ大統領との首脳会談を行い、その足でアルゼンチン、パナマ、ポルトガルの三ヵ国を歴訪、北京に戻ったのは一二月六日であった。

この外交日程からもわかるように、おそらく習主席帰国の翌日の七日から八日にかけて、中央中枢部で孟晩舟拘束の一件に関する「御前会議」が開かれ、習主席の決断で「**強硬姿勢で行こう**」と決められたのではないかと思われる。そしてこの決定に基づいて、前述のような中国側の激しい反応が示されたわけである。

この一件からしても、いまの中国においては、習主席の鶴《つる》の一声がないかぎり、政治についても外交についても何ひとつ意思決定ができない異常状態となっていることが認識できる。それにしても習主席はなぜあのような強硬姿勢に打って出ることを決めたのであろうか。

理由のひとつとして考えられるのは、ファーウェイという企業が中国と習主席にとってあまりにも重要であることだ。生命線と言ってもいいだろう。重要であるが故に、習主席としては強硬姿勢を示してカナダとアメリカに圧力をかけ、何としても孟晩舟を救出しなければならない。実際、中国政府はカナダに圧力をかけるために、カナダの元外交官を中国で拘束するような禁じ手まで行使してなりふり構わぬ行動にも出た。

「孟晩舟救出」はどうやら、中国政府にとり至上命題となったようである。しかしそうであれば、中国側はもうちょっと早めに手を打てば良かったのではないか。ファーウェイ、そして孟晩舟救出がそれほど重要であれば、中国政府が拘束から一週間もたってから初めて行動を開始したのはなぜか、との疑問は依然として残る。

その際、たとえ習主席が外遊中であっても、本国がこの一件を緊急報告して彼の判断を仰ぐことは可能であったはずだ。習主席帰国の二日後に、中国政府が初めて本格的な反応をしたことからしても、習主席と中国にとって、今回の事件はそう簡単なことではなく、背後に何か複雑な事情が横たわっているのではないか。

エリート共産党員であるファーウェイCEOに疑義あり！

孟晩舟拘束から四〇日後の二〇一九年一月一一日、ポーランド情報当局が中国通信機器大手「華為技術」（ファーウェイ）の現地社員二人をスパイ容疑で逮捕したと発表した。そのなかの一人は、ファーウェイの現地法人責任者の王偉晶《おういしょう》容疑者であった。この事態にどう対処するかが注目されるなか、逮捕発表の翌日、ファーウェイはさっさとこの二人の社員を解雇した。

二人はスパイ容疑で逮捕されたものの、現時点では有罪となったわけではないし、裁判でスパイだと認定されたわけでもない。にもかかわらず、ファーウェイが間髪を入れず彼らの解雇に踏み切ったことは意外であった。あたかも同社がポーランドの司法判断に先んじて社員のスパイ容疑を認めたかのような措置であるからだ。

容疑者の一人である王偉晶の解雇について、同社では「個人的な原因でポーランドの法律に触れた容疑で逮捕された」と公式見解を示したが、この言い方は**実に怪しい**。王容疑者にかけられたのはスパイ容疑にほかならない。窃盗や横領などの個人的犯罪と違い、スパイはどこかの機関や組織のためにやるもので、「個人的原因」でスパイ活動をやっている人などどこにもいない。

ファーウェイは、スパイ容疑を「個人的行為」に帰することで会社との関連性を否定しようとしているのだろうが、それはほとんど意味がない。ファーウェイの現地責任者がスパイ容疑で逮捕されたならば、ファーウェイという会社と無関係であるとは言い難いのだから。

四日後の一五日、ファーウェイの任正非《にんせいひ》最高経営責任者（CEO）は内外記者との会見に応じた。その席で彼は「私は祖国を愛し、中国共産党を支持している。世界に危害を与えることはいっさいしない」と弁明する一方、「もし中国政府が外国ユーザーの個人情報などの機密の提供を求めてきた場合、会社はどうするか？」という記者からの質問に対して、任正非はきっぱりと「このような要求に対してわれわれは必ずや拒否する」と答えたという。

しかし、私には、彼のその言葉はいかにもウソっぽく聞こえた。

彼は「共産党を支持している」と述べている。それは一般国民が言うセリフであっても、れっきとした共産党員の彼が言う言葉ではない。共産党が党員に要求するのは「忠誠」であって、「支持」うんぬんではない。

中国共産党第一二回党大会の代表にも選ばれたエリート党員の任正非にそれがわからないはずはない。彼は明らかに、「共産党を支持する」という「他人行儀」の言い方をもって、自分自身と共産党との関係性から人の目をそらそうとしているのであろう。

中国政府からの機密提供要求について「それを拒否する」と答えたが、そんなことは現実にはありえない。中国の国内企業ならば、政府当局からの情報提供を拒否できるはずがない。

先にも記したが、二〇一七年六月から中国で施行された「国家情報法」には、「いかなる組織および個人も、国家の情報活動に協力する義務を有する」（第七条）と明記されている。

こうしてみると、自社社員のスパイ容疑と会社自体のスパイ活動疑惑について、ファーウェイと任正非の行った弁明はいかにも疑わしいものであることがわかる。彼らはこうして何らかの真実を覆い隠そうとしている、と思わざるをえない。

彼らが忘れてはならないのは、「欲蓋弥彰」という中国の四字熟語である。「真実に蓋《ふた》をすれば逆にそれが露呈してしまう」という意味合いだ。隠せば隠すほど疑惑はますます深まるだろう。

世界中のユーザーたちに通信機器を提供している大手企業として、ファーウェイは責任を持って真実を明らかにし、人々からの疑義に誠実に答えてもらいたい。そうでなければ、われわれはどうしても、「ファーウェイ」を信用できないのである。

屈辱のブエノスアイレス合意の内容を隠蔽した中国国営メディア

軍と政府で食い違う米中首脳会談に対する評価

時事通信などの報道によると、昨年一二月八日、人民日報系の環球時報主催のフォーラムが北京市内で開かれ、そのなかで一二月一日に行われた米中首脳会談と米中関係の今後について、フォーラムに参加した中国軍関係者たちからいくつか興味深い発言があったという。

たとえば国防大学・喬良《きょうりょう》教授は、米中首脳が今後九〇日間で貿易問題に関する協議を行うことで合意した一件について、「今回の〝一時休戦〟に悲観的だ。九〇日後には新たな貿易戦争が始まる」と述べた。

あるいは中国人民解放軍・楊毅《ようき》海軍少将は、「米中関係の行方を憂慮している。いまは危険な岐路に立っている。悪循環や制御不能に陥る可能性がある」と述べたうえで、「持久戦に備えなければならない」と強調した。

私はこれらの発言を耳にしたとき、おおいに驚いたのと同時に、それが容易ならぬ重大発言であると直感した。なぜなら、中国軍関係者たちのこのような論調が、米中首脳会談の成果や米中協議に関する中国政府の公式発表や見解とはおおいに異なっていたからだ。

一二月一日にアルゼンチン・ブエノスアイレスで行われた米中首脳会談の結果は、習主席と中国にとりまさに屈辱の「城下の盟」であった。それが屈辱であったからこそ、翌日の中国政府の国内向けの発表は、中国側が大幅に譲歩した事実を極力隠蔽する一方、会談は大成功であったと吹聴《ふいちょう》し、米中貿易戦争はこれで収束する方向へ向かうだろうとの楽観論をばらまいた。

中国商務省も一二月五日、米中首脳会談について「非常に大きな成功だった。われわれは（合意内容を）実行する自信がある」との報道官談話を発表して、今後の米中協議に関して楽観的な見方を示した。

しかし、前述の中国軍関係者の発言の趣旨は明らかに、中国政府の公式発表や商務省の声明とは正反対である。政府側が楽観論を吹聴しているのに対し、軍関係者たちははっきりと悲観論を主張した。そして前述の両名の軍関係者の発言はどう考えても、「米中首脳会談が成功した」という中国政府の主張を頭から否定したものであり、それは実質上、米中首脳会談そのものに対する否定であった。

解放軍の反発を抑え込むための対米強硬姿勢

それは会談を行った当事者である習主席に対する間接的な〝**批判**〟であるともとらえられよう。

軍関係者たちが前述の発言を行ったのは一二月八日で、習主席は外遊から帰ってきたばかりであった。習主席のお膝下《ひざもと》で、人民解放軍の関係者が公然と習主席の行った首脳会談の「成果」を否定し、間接ながらも批判の矛先を習近平に向けたのだ。これはまさに政治的大事件だった。その背後で何が生じていたのか。

ここからは推測の域に入るのだが、おそらく中国人民解放軍のなかでは、米中首脳会談において習主席が屈辱の城下の盟を飲んだことに対し、かなり大きな反発・批判が起こってきているのではないか。習主席がこれまで無理をして断行した軍の再編や軍内で進めた激しい腐敗摘発は多くの軍幹部の恨《うら》みを買ってしまった。

軍内の反習近平勢力にとって、トランプ政権に対する習主席の屈辱の降伏はまさに習主席攻撃の格好な口実となっており、反撃の絶好なチャンスだったのかもしれない。

もしそれが本当であるなら、習主席にとって大変深刻な事態である。軍のなかから反乱が起きてしまえば、彼の権力基盤は大きく揺らぐからだ。しかしその一方、アメリカに対して屈辱の城下の盟を飲んだ事実はもはや消すことはできない。習主席は結局、自分を攻撃するための格好の口実を軍内の敵に提供してしまったのである。

こうしてみると、例の孟晩舟拘束の一件に関して、習主席が帰国早々に強硬姿勢を決めた理由は明らかとなろう。自身の「**対米降伏**」が軍内からの批判の標的となっているいま、孟晩舟拘束の一件で再び弱腰を見せることは絶対にできない。

対米貿易問題で屈辱の降伏をした習主席はむしろ、孟晩舟拘束の一件で強硬姿勢を示すことによって軍内、あるいは国内の反発を抑え込む以外にない。

「対米降伏姿勢」に対する軍内の反発が現実に起きているのであれば、そしてそれがさらに拡大していけば、習主席の政治立場が今後、ますます難しくなってくることも予想できる。今後の中国の政局はますます不透明さを増していくのではないか。

閑話休題

中国にだまされ続けたアメリカ

アメリカは中国に半世紀以上もだまされ続けてきた。その点では間抜けと言われても仕方がない。第二世代の最高指導者の鄧小平、続く江沢民、胡錦濤はアメリカをだますのが実に巧みであった。

鄧小平は一九七九年の訪米時、「われわれは貧しく、覇権主義を選ばない。虚心坦懐《きょしんたんかい》になって西側諸国の政治・経済を学びたい。中国人民の福祉を向上させたい。われわれを助けてくれないか」と訴えた。

アメリカはコロリとだまされた。アメリカは八〇年代以降、莫大な自国市場を中国に開放した。中国製の日用品、消耗品の安物がよく売れて、中国経済は離陸していった。八九年の天安門事件のあと、日本は中国への経済制裁を率先して解除した。アメリカもそれに追随した。中国が民主主義国家とまったく異質な国家であることを、アメリカは忘れてしまったようであった。挙げ句、クリントン政権が誕生すると、アメリカは中国と組んで、日本を叩《たた》き始めた。

第三世代の最高指導者となった江沢民は、アメリカのテレビに出て、アメリカ独立宣言を流暢《りゅうちょう》な英語で暗唱してみせたことがあった。これをやられたアメリカ人は完全に錯覚してしまった。第四世代の最高指導者の胡錦濤もインテリづらでアメリカをだましまくった。

そんななか、もうアメリカをだまさなくていいと思ってしまった愚かな指導者が、第五世代を担うことになった習近平であった。

江沢民のように西洋的素養もなければ、胡錦濤のようなインテリ特有のスマートさも備えていない。言ってみれば、習近平は田舎のガキ大将そのものだ。

習近平が中国のリーダーになってから、あまりにも自身の野望をむき出しにしたため、おめでたいアメリカ人もようやく目覚め、対中観を一八〇度変えた。

そこのところが鈍感な習近平や彼の側近たちはまるで認識できなかった。米中貿易戦争が始まってから、中国政府は、なぜこうまでアメリカが強硬姿勢なのかを知るために、深圳市政府視察団をアメリカに派遣した。

本来ならば中央政府が行うべきことを、なぜ深圳市政府が行ったのか。「アメリカの対中観は過去のままなのか？　それとも変化したのか？」深圳市政府が呈した疑問に中央政府が納得いく説明をしなかったからであった。

この視察団は帰国後、かなり正確なレポートを作成した。アメリカ共和・民主両党、各有力シンクタンクの中国に対する評価は一変、敵対視するようになっていると。これを読んだ深圳市政府は事態の深刻さを理解し、即座に中央政府にレポートを提出した。

習近平政権の信じ難い鈍感さがおわかりいただけたであろうか。

第7章

習近平主席の「後継者候補」に急浮上してきた胡海峰という男

習近平体制確立の最大の功労者は胡錦濤だった

政界入りのタイミングと育てる場所が匂わせる習近平の関与

中国国内ではいま、習近平国家主席がある意外な人物を自らの後継者候補として育てているのではないか。そんな観測が広がっている。

この意外な人物は胡錦濤前国家主席の子息で、いまは浙江《せっこう》省麗水《れいすい》市共産党委員会書記を務める胡海峰《こかいほう》である。一九七二年生まれの胡海峰は北方交通大学を卒業後、清華大学大学院を経て同大傘下の技術開発会社のエンジニア兼社長を務めた。二〇一〇年四月には浙江清華長三角研究院の党委員会書記に就任して、いわば共産党幹部となった。ただし、研究機関の党委員会書記は幹部ではあるとはいえ、その時点では依然として「技術者・研究者」の枠内にあることから、プロの政治家になったとは言えない。

胡海峰が技術者の身分から離れて正式に政界入りしたのは二〇一三年五月、浙江省嘉興《かこう》市党委員会副書記に転任したときであった。この年の八月には、彼はさらに副書記として同市の共産党校の校長を兼任、政治家としての歩みを始めた。

迷彩服を着て、革命時代に共産党が使った山中ルートを走破するパフォーマンスを演じるなど革命精神の継承者として派手な振る舞いが目立っているとの報道も

実は、胡海峰の政界入りのタイミングと場所からすると、その背後に習近平国家主席の影があったのではないかとの推測が成り立つのである。

習近平が前任の胡錦濤から共産党総書記・党中央軍事委員会主席のポストを受け継いだのは二〇一二年一一月開催の党大会においてであり、胡錦濤から国家主席・国家中央軍事委員会主席のポストを譲り受けたのは二〇一三年三月の全人代であった。胡海峰はその直後の二〇一三年五月に政界入りを果たしたのだから、その背後で新任の習近平総書記・国家主席の意向が働いた可能性は十分にあろう。

習近平の前任の胡錦濤は二〇一二年一

一月まで総書記を務め、二〇一三年三月まで国家主席を務めていたが、胡錦濤の在任中に、子息の胡海峰が政界入りを果たせなかったのはむしろ当然のことである。

父親の在任中に胡海峰が出世して地方の党幹部にでもなれば、胡錦濤は職権乱用の誹《そし》りを免れず、当然それを避けていたのであろう。そして胡錦濤が引退した直後、習近平政権の下で胡海峰が政界入りを実現できたことは、その背後には胡錦濤と習近平との闇の取引、あるいは暗黙の了解があったのではないかとの可能性が出てくるのである。

党中央からの指示による中央メディアの異例な扱い

よく知られているように、胡錦濤は前任の江沢民が隠然たる力を維持して「院政」を敷いたのとは異なり、ほぼ完全な形で引退して権力を一〇〇%後任の習近平に委譲した。のちの習近平独裁体制の確立はまさにここから出発したものであるが、そういう意味で胡錦濤は習近平にとっての恩人であるとも言えなくもない。

したがって、習近平が政権の座に就いてから、胡錦濤への「**報恩**」として、子息の胡海峰の政界入りを助けたとしても何の不思議はない。

そして、胡海峰が政界入りしてからの初めての地方勤務が浙江省であったことも意味深長といえる。周知のように、習近平は二〇〇二年から二〇〇七年までの五年間、浙江省で省長代理、党委員会書記を務めていたのだから。

浙江省は習近平の政治地盤のひとつであり、習近平の側近の重慶市党委員会書記・政治局員の陳敏爾《ちんびんじ》も浙江省出身の幹部だ。だから、胡海峰が政界入りしてから初めての勤務地が浙江省であることもうなずけるのだ。習近平は最初から、胡海峰を自分の子飼いの幹部として育てていく可能性は十分にあるのではないか。

胡海峰は二〇一三年五月に浙江省嘉興市共産党委員会の副書記になってから順調に昇進を重ねた。一四年三月には副書記のまま同市の共産党政法委員会書記という重要ポストに就任し、一六年三月にはさらに市長に昇進して嘉興市のナンバーツーになった。一六年六月、地元の「嘉興日報」はさっそく、新市長の活躍ぶりを称《たた》える長文の記事を掲載したが、それがただちに「中央広播網」や「中国青年網」などの中央メディアのウェブサイトで転載され、全国に拡散された。

嘉興日報という一地方新聞の記事に対し、中央メディアがこのような異例な取り扱いを見せるのは、当然ながら共産党上層部の何らかの**政治的意図**を感じさせるものといえる。ともあれその結果、胡海峰の名前は初めて全国的に知られるようになった。

さらに二〇一八年三月、中央メディアの中国新聞社は全人代参加のために上京した胡海峰市長に単独インタビューを行い、それを記事として全国に配信したが、それもまた異例のことであった。

全人代期間中、全国から集まった地方幹部は一〇〇〇人以上にもなるわけで、中国新聞社が嘉興市という小都市の市長に単独インタビューを行うのは尋常ではない。党中央からの指示がなければありえない。

特別待遇で護られる胡海峰の出世コース

すべてはお上の意向

嘉興市における胡海峰昇進の次なるステップは通常、ナンバーツーの市長からナンバーワンの党委員会書記に昇進することにほかならない。だが、彼の市長在任中に、管轄下の嘉興市南湖区で二〇一八年六月三〇日、大きな騒動が起きた。

数百名の農民たちが区政府庁舎の前で抗議活動を行ったあと、政府機関の建物の打ち壊しを敢行した。南湖区内の南湖という湖は中国共産党が結党の第一回全国大会を開いた場所のひとつであったため、「南湖」は中国共産党の「聖地」となっている。したがって、南湖区で起きた大騒動は全国的にも注目され、嘉興市市長である胡海峰は責任を問われてもやむをえない状況に陥った。

ところが、大変奇妙なことに、騒動が起きた直後に本来ならば責任を問われるべき胡海峰は逆に、栄転を遂げた。騒動発生の翌月の七月、彼は嘉興市から離れて、同じく浙江省の麗水市・党委員会書記に転任した。まさに「**お上の意向**」が働いたとしか言いようがない。

彼の転任が騒動発生の直後に行われたことも興味深い。それで彼は騒動の発生から受けるはずの政治的ダメージを最低限に抑えることができ、責任問題から完全に逃れることができたからだ。

こうした特別待遇が続く経緯を目の当たりにすると、巨大な政治力学が苦心して胡海峰のキャリアを護り、彼の出世コースを「保証」しているかのように感じるのは私だけではあるまい。そしてこの「大きな政治力学」の背後にいるのは習近平主席その人以外には考えにくい。

習近平は浙江省勤務時代に麗水市を視察、同市のことをことさら重要視していたと思われる。二〇一八年四月二六日、習近平主席は中央の座談会でわざと麗水市のことを取り上げ、市の目指す「緑色発展の新しい道」(環境保護重視の発展の道)を褒《ほ》めていた。

その数ヵ月後に胡海峰が麗水市の党委員会書記に昇進したことはどう考えても偶然ではない。それは、習近平主席自身の指名である可能性は大である。つまり習主席は、今後の発展への「新しい道」を歩む未来有望な麗水市のトップに胡海峰を据えて、彼の未来に大きな期待をかけた、ということである。

陝西省西安市の党委員会書記に転任か?

もちろん胡海峰自身、このことを知悉《ちしつ》しているはずだ。麗水市党書記に就任した直後から、胡海峰は麗水の「緑色発展の新しい道」に関する習近平発言の内容を「習主席の麗水の讃」にまとめて、麗水市の発展方向を示す政治理念として掲げた。なおかつ市党員幹部に、それを学び、すべての仕事の「総方針」として貫徹させるよう命じている。

こうすることにより胡海峰は事実上、一地方幹部として習主席に対する忠誠と追随《ついずい》を宣言し、自分が**「習主席の幹部」**であることを世にアピールした。あたかも彼は、上司であるはずの浙江省党委員会や省政府を飛び越えて、習主席の直接指導下で仕事しているかのような立ち居振る舞いをしてみせたのである。

それ以来、この胡海峰こそ習主席が手塩にかけて育てようとする後継者候補の一人ではないかとの観測が徐々に広がってきている。昨年三月、胡海峰は近いうちに、空白になっていた陝西《せんせい》省西安《せいあん》市の党委員会書記に転任するだろうとの噂が全国で一気に広がった。

もしそれが本当であれば、麗水市という小都市の書記から西安市という全国的大都市の書記への転任はまさに大昇進であり、現在四六歳である胡海峰の将来の中央指導部入りはよりいっそう現実味を帯びてくる。彼が、習主席が考えている後継者候補の一人である可能性はさらに濃厚になるのである。さらに今年に入ってから、彼の転出先は福建省党委組織部長ではないかとのニュースも飛び込んできている。

問題は、習主席が胡海峰を後継者候補として選んで育てる場合、それはいったいどのような思惑からの政治判断なのか、胡海峰が後継者候補となることは習主席にとってどのようなメリットがあるのか、それは果たして未来の現実となっていくのか等々である。

習近平の政治人生と年齢のめぐり合わせで浮上してきた胡海峰

共青団派の不満を和らげる緩衝材の役割も担う胡海峰

さて、本題である「習近平後継者問題」に入ろう。先に詳しく記したように、習近平主席は就任してからまもなく、胡錦濤前主席の子息である胡海峰を後継者として育てる計画を立て、それを着々と実行してきているように見て取れる。ここでは習主席がなぜ胡海峰を後継者として育てようと考えるのかを分析してみよう。

胡海峰を後継者候補と決めて育てていく習主席の思惑のひとつは当然、胡錦濤前主席とその背後にある共青団勢力を籠絡《ろうらく》することにあろう。周知のとおり、習近平は共産党総書記に選出されて最高権力者の座に就いたのは、江沢民派の後押しを得て対抗馬である胡錦濤前主席の子飼いの幹部である李克強に勝ったからである。

しかし、総書記になってから習近平は、恩人の江沢民と敵対し、腐敗摘発運動の展開により江沢民一派を叩き潰していった。

そうすると習近平主席としては前総書記・主席の胡錦濤まで敵に回したくないし、できるだけ胡錦濤とその傘下の共青団勢力を味方につけておきたい気持ちがある。加えて、総書記と国家主席になってからの習近平は、いたるところで李克強首相の権限を抑えつけようとしており、二人の関係は決して芳《かんば》しくはない。

習近平の李克強に対するこのような態度は当然、李の出身母体である共青団の面々の反発と反感を買っているから、習近平としては、よりいっそう何らかの措置をとって胡錦濤と共青団派の不満を和らげ、彼らを丸めておく必要があろう。あるいはその緩衝《かんしょう》材にもなるはずだ。

そこで、胡錦濤の子息を自らの後継者として育てること、あるいは後継者として育てていく「ふり」をすることが、習近平の胡錦濤対策および共青団の籠絡策のひとつとなっていると考えられる。

現在のところ、習近平が本気で胡海峰を後継者として選び、育てていく腹づもりであるかどうかは不明であるが、もしそれが本当であれば、実はこの後継者人事は、習近平自身の今後の政権構想とかなり合致している。

その最大のポイントは、習近平と胡海峰との年齢の差にある。習近平は一九五三年の生まれで今年六六歳になった。二〇一八年三月の全人代で行った改憲で、国家主席の「二期一〇年」の任期制限が撤廃された。これは誰から見ても、習近平の超長期政権実現のために取った措置である。つまり、これで彼は理論上、死ぬまで「**終身主席**」として君臨することができるのである。

もちろん実際に実現できるかどうかはわからないが、少なくとも習近平は、二〇一三年の国家主席就任から数えて四期二〇年は続けるつもりであろう。それで二〇三三年、自身がちょうど八〇歳のときに引退するなら、習近平にとり十分に満足のいく長期政権となろう。

二〇三二年秋に開かれるはずの共産党第二二回全国代表大会で党の総書記職を退き、翌二〇三三年春に開催されるはずの全人代で国家主席の職から身を引くのは、もっとも理想的な政治日程となる。

さらにそのとき、彼の後継者となる人物が六〇代であることがもっとも理想的だ。習近平が胡錦濤の後継者として党総書記になったのは五九歳、国家主席になったのは六〇歳であった。前任の胡錦濤が共産党総書記に就任したのも六〇歳のときであった。

こう考えると、胡海峰が習近平の後任になるのは年齢的にちょうどよい。一九七二年生まれの彼は、習近平が党総書記職から退くであろう二〇三二年にはちょうど六〇歳。年齢的には申し分のない後任である。現在は麗水市の党委員会書記である胡海峰は、あと一三年もあれば、総書記・国家主席のポストを受け継ぐ地位にまで昇進していくことも十分に可能なのである。

もっとも安全な選択肢

そして、胡海峰のような年齢の人物を自分の後継者に据えることには、もうひとつの政治的〝**打算**〟が存在する。それは自分が八〇歳になって引退するまで、自分の地位を脅かす人物を徹底的に排除することにほかならない。

たとえば、もし習近平の後継者が彼より一〇歳下の、いまは五〇代半ばあるいは後半であれば、その人が五年後に六〇代になったときには必ずや最高権力者の座を目指すことになるはずだ。それはおのずと、習近平に対する脅威となり、彼我の間で権力闘争を展開することとなろう。したがって習近平は、いまやすでに五〇代になった人間を後継者に指定することは絶対にしない。

実際、二〇一七年秋の党大会で、一時習近平の後継者だと思われた五〇代半ばの胡春華《こしゅんか》と、同じく五〇代半ばの陳敏爾の二人が政治局常務委員への昇進を果たさなかった理由はまさにここにある。

五〇代半ばの彼らのどちらかが政治局常務委員となれば、五年後には必ずや習近平の後継者と目されて習近平の地位を脅かすことになるからだ。

しかし胡春華と陳敏爾よりも一〇歳ほど下の胡海峰の場合はそうはならない。あと一〇年、彼が五〇代後半で最高指導者の座を目指す立場と年齢になったときには、習近平もそろそろ引退するのだから、穏便な「**禅譲**」が可能であろう。したがって、習近平自身からすれば、胡海峰を後継者として育てていくことはもっとも安全な選択といえる。

自らが決めた後継者を二人も殺した毛沢東

そして今後、習近平が胡海峰を後継者として育てていく動きをさらに明確なものにしていけば、それは彼自身に対する多くの知識人や国民の警戒と反発をかわす政治効果もある。前述の二〇一八年三月の改憲以来、多くの知識人や国民は習近平が「終身独裁」を目指しているのではないかと見て警戒心を抱いて反感を持っているが、誰かを、たとえば胡海峰を後継者として育てていくことで、こうした批判を退けることもできよう。

以上の考察から、習近平は本気で胡海峰を後継者として考えて育てていく可能性は結構高いのではないか。

むろんそれは確定されたことではないし、習近平の単なる一時的なポーズである可能性もあるし、途中で考えを変える可能性もあろう。第一、かつての独裁者・毛沢東は自らが決めた後継者を二人も殺している。

胡海峰が本命の後継者となって最高指導者のポストを獲得できるかどうかは、天のみぞ知ることであろう。あるいは共産党政権そのものが、習近平が引退するまでに潰れてしまう可能性もまったくないわけではないのだから。

閑話休題

「爆花見」に見る中国人の本音

平成最後の四月、隣の中国ではちょっとした**「日本ブーム」**が起きていた。

ことの始まりは新元号の発表であった。四月一日の午前一一時四一分頃に「令和」が発表された直後、中国国営の新華社通信や、中国の代表的なポータルサイトの「新浪」「網易」、人民日報傘下の環球時報ウェブ版などはまるで日本のメディアと競合しているかのように速報を出した。そしてそれを受け、ネット上では日本の新元号に対するコメントが殺到し、このテーマひとつで中国のネット空間はおおいに盛り上がった。

それからほぼ一週間、新元号はホットな話題であり続けた。前述の環球時報はもちろんのこと、大都会の上海では発行部数最大の夕刊紙「新民晩報」や、全国紙の「文匯報《ぶんわいほう》」などが論評を掲載したり、専門家を招いて座談会を開いたりして、日本の新元号の話題を盛り上げた。

そのなかで、「中華文明から発祥した元号をそこまでに大切にし、現代生活に密着させている日本人の知恵には敬服の念を禁じえない」と絶賛する論評もあれば、「令和」の出典は元をたどれば中国古典にあることをことさらに強調し、「日本は中国の痕跡《こんせき》を消すことができない」というひねくれたコメントもあった。

ネット上では、中国の失われた伝統が日本に現存することに対する称賛と羨望《せんぼう》の声が数多く聞こえる一方、中国語で「令」と「零」の発音が同じことから、「令和の意味はすなわち『平和への思いがゼロ』だ」と、こじつけて日本の新元号を貶《おとし》めるような書き込みも見られた。

しかしいずれにしても、改元するのは日本であるのに、中国のメディアとネットがそれほど熱をあげて大騒ぎしている光景はまさしく不可思議であった。背後にあるのは、中国自身の喪失した伝統をいまでも生かしているこの日本に対する中国人たちの、羨望と嫉妬《しっと》をまじえた屈折した思いではなかったか。

四月といえば日本では桜の季節である。実は数年前から、「日本で花見するブーム」が中国で起きていたのをご存じだろうか。日本で発行されている中国語新聞の「中文導報」は三月二八日付で、「中国人が日本で『爆花見』」と題する記事を掲載した。それによると、中国人が花見のために大挙日本に押し寄せてくる現象が起きていて、今年のシーズンだけで約一〇〇万人の中国人観光客が日本に訪れるというのだ。

実際、平成最後の花見シーズンとなった四月には、伊豆半島の河津町や東京の千鳥ケ淵、京都や奈良の花見の名所で中国人観光客があふれている光景が報じられており、写真が趣味で多くの花見スポットを訪れた私自身も、あちこちで桜の花に見惚《みと》れる、かつての同胞たちの姿を数多く見た。日本の自然美の象徴である桜はこうして、多くの中国人を魅了して彼らの心を惹《ひ》きつけているのである。

中国人が魅力を感じているのはもちろん桜だけではない。日本の四季折々の美しい自然風景、風情の漂う温泉旅館や日本庭園、中国自身の古き良き時代を思い起こさせる古寺や古い町並み、そして心に届く日本の温かいもてなし、それらのすべては多くの中国人の心をとらえて空前の日本観光ブームを引き起こしているのである。

江沢民政権時代からの「反日教育」が三〇年近くにわたって行われてきたことも虚《むな》しく、日本の伝統、日本の文化、日本の美しさがおのずと多くの中国人を魅了していることは実に興味深い。日本がこれだけ、魅力のあふれる良い国だからであろう。

第8章

習近平が目指す新たなる「長征」と「持久戦論ブーム」

いま中国で毛沢東の『持久戦論』が注目されている理由

建国七〇年を迎える中国では長征キャンペーンを展開中

このところ中国でベストセラー本になっているのが『毛沢東選集第三巻・持久戦について』（以下『持久戦論』とする）である。内容は、毛沢東が一九三八年五月二六日から六月三日にかけて、延安の抗日戦争研究会で行った講演記録。

当時、蔣介石《しょうかいせき》の国民党軍から逃れるために毛沢東率いる紅軍《こうぐん》（のちの共産党軍）は、拠点であった中国南部の江西省瑞金《ずいきん》を放棄、二年間、陝西省延安まで一万二五〇〇キロを行軍（徒歩）した。これを中国共産党は「偉大なる長征」と呼ぶが、実際にはそんなことはさらさらなく、「敗走劇」あるいは「不名誉なる逃避行」と呼ぶほうが正しい。

新たなる敵は戦力に勝る日本軍であった。日本軍との戦いを不利と見てことごとく回避してきた毛沢東は、自軍に対し「持久戦」を呼びかけ、志気を高めたとされる。内容を大づかみに言えば、抗日戦争を三つの段階に分け、最初のふたつの段階を持久の段階とし、第三段階の決戦時期までの準備段階であるとした。

なぜいま中国で八〇年以上も前に書かれた毛沢東の『持久戦論』が注目されているのか。当然ながら、米中貿易戦争と深い関係がある。

米中通商協議が折り合わず決裂したのは五月一〇日のことであった。中国が九割方完成していた合意文書案を大幅に修正し、一方的にアメリカに送付してきた。これに反発したアメリカは二〇〇〇億ドル分の追加関税上げを決定した。中国も六〇〇億ドル分の追加関税上げで対抗する旨を表明した。

本書で記してきたとおり、決裂の裏側にはこんな事情があったと思われる。というか、私は確信している。アメリカのさまざまな要求に応じて大きく譲歩した中国の要求はただひとつ、アメリカがこれまで中国に発動した制裁関税のすべてをただちに撤廃することであった。理由は、習主席のメンツを守るためである。

そしてアメリカはそれを拒んだ。ならばと中国は譲歩を反故《ほご》にすると、ちゃぶ台をひっくり返したわけだ。そのとき習主席はアメリカとの長期戦を決意したのではないか。

五月二〇日、江西省于都《うと》県にある長征記念公園を訪れた習主席は「われわれはかつての長征の出発点にやってきた。いままた新たな長い道のりが始まった。われわれは新たな長征により、中国の特色ある社会主義の新たな勝利を獲得しなければならない」と新たなる長征宣言を行った。国内の大型書店に毛沢東の『持久戦論』が山積みされたのもこの頃からであった。

今年一〇月一日に建国七〇年を迎える中国共産党は「長征キャンペーン」を展開、「アメリカとの貿易戦争は長期におよぶ」と持久戦への備えを呼びかけている。

そして、『持久戦論』こそはいまもっとも中国人民が学びとらねばならない文献だとする認識が広まり、知識層、中間層に広く読まれているという。

父・習仲勲の敵《かたき》を崇拝する習近平

もうひとつ、習近平主席が毛沢東の『持久戦論』を高く評価し、アメリカを敵国とし新たな長征を目指すのには大きな理由がある。

敗走に敗走を重ね、出発時には九万人を擁した紅軍はすでに数千人に減っていた。毛沢東は目標を陝西省の急峻《きゅうしゅん》な山岳地帯に立地する延安に定めた。敵軍の追跡をかわしやすい地形であるのと、そこに設営された革命根拠地の指導者が旧友の習仲勲《しゅうちゅうくん》だったからだ。言わずと知れた習近平の父親である。

尾羽打ち枯らした格好の毛沢東を習仲勲は温かく迎え入れた。これは毛に対する返礼の意味もあった。すでに中共内部は分裂しており、一時、習仲勲は中共中央局トップ・コミンテルン代表の王明のグループに逮捕され、処刑の日が迫っていた。それを知った毛沢東が中共中央局と交渉、習は処刑を免れたのである。

このとき毛沢東が習仲勲を助けなかったら、いまの習近平はこの世に存在していないということになる。

建国後、習仲勲は国務院副総理となったが、一九六二年に失脚。文化大革命時、習仲勲は誤解から毛沢東の怒りを買い、一六年にわたり収監された。父・習仲勲が収監されたとき、習近平は九歳。六九年には陝西省に下放《かほう》されている。

このような文革時代の経験から、毛沢東を父の敵として恨んでもよさそうなのだが、習近平は毛を崇拝し、**「第二の毛沢東」**になろうと真似ばかりしてきた。

中国の最高指導者になってから習近平が熱心に外遊したのはアフリカ諸国や中南米諸国であった。毛沢東の外交方針である「遠交近攻」を真似たのだ。遠くの国を支援して交流を深め、近くの国を敵視するという意味である。

中国共産党第二世代の指導者・鄧小平は毛沢東のあまりの悪政、要は独裁体制がもたらした悲劇をつぶさに見てきたことから、集団指導体制を取った。だが、第二の毛沢東を目指す習近平は、腐敗撲滅運動を展開してライバルたちを粛清後、集団指導制を放棄した。

鄧小平が後継者の江沢民、胡錦濤に誓わせたことがある。それは外交方針の「韜光養晦《とうこうようかい》（自分に力がつかないうちは角を納めておく、目立たぬように力をためよ＝能ある鷹《たか》は爪を隠す）」であり、江沢民、胡錦濤は基本的には鄧小平の意に沿った外交を展開した。

その流れも習近平政権でガラリと変わった。ふたたびカリスマ毛沢東路線に逆戻りしてしまった。習近平が掲げる「偉大なる中華民族の復興」のスローガンなどはその証左といえる。人民解放軍幹部などからも「世界の大国となった中国がなぜ欧米のルールに従わねばならないのか」と強気の姿勢が目立ち、他国に強い警戒心を抱かせるようになっている。「習大大（＝習近平）は世界人民に愛されている。習大大は正義感にあふれ、虎とハエをともに撲滅している」（腐敗撲滅運動）

あこがれの毛沢東に少しでも近づきたい習近平は、全人代の期間中、この自身を礼賛する歌を教室の子供たちに唄わせたのだが、これまたまったくの猿真似である。私の子供時代にはテレビはなかったので、大人と一緒にラジオを聞いた。朝から晩まで「われわれの素晴らしい社会主義国家」「われわれの偉大なる領袖《りょうしゅう》毛主席」毛沢東を讃《たた》える歌が流れていた。

持久戦における三つの段階

当時の日本と現在のアメリカの相似点

ここからは実際に毛沢東の『持久戦論』を俎上《そじょう》にあげ要点部分を抜粋し、対米貿易戦争に照らし合わせてキーワードを抽出、私なりの考察、解説を加えてみたい。

中日戦争が持久戦であり、また最後の勝利が中国のものである以上、この持久戦が具体的には三つの段階としてあらわれることは論理的に想定することができる。第一段階は、敵の戦略的進攻、わが方の戦略的防御の時期である。第二段階は、敵の戦略的保持、わが方の反攻準備の時期である。第三段階は、わが方の戦略的反攻、敵の戦略的退却の時期である。

三つの段階における敵とわが方の力の変化は、つぎのような道をたどるであろう。第一段階では、敵が優勢で、わが方は劣勢である。わが方のこうした劣勢については、抗戦以前からこの段階の終わりにいたるまでのあいだに、二つの異なった変化がおこることを見通しておかなければならない。

第一は下向きの変化である。中国のもとからの劣勢は、第一段階での消耗をへていっそうひどくなるであろう。それは、土地、人口、経済力、軍事力、文化機関などの減少である。第一段階の終わりになると、それらは、とりわけ経済の面では、かなり大きく減少するかもしれない。

敵は、その速決計画の安易な実現、中国の全面的征服をくわだてて、卑劣で恥知らずな投降勧告の手段をとったし、これからもとるであろうが、それはいままでも失敗したし、今後も成功しがたい。この段階では、中国はかなり大きな損失をこうむるが、同時にかなり大きな進歩をとげ、この進歩が第三段階でひきつづき抗戦する主要な基礎となる。

しかし、第二の変化、すなわち上向きの変化もみなければならない。それは、戦争での経験、軍隊の進歩、政治の進歩、人民の動員、文化の新方向への発展、遊撃戦争の出現、国際的援助の増大などである。

第一段階では、下向きに変化するものは古い量と質であり、主として量の面にあらわれる。上向きに変化するものは新しい量と質であり、主として質の面にあらわれる。

——この第二の変化は、われわれに、持久ができ、最後の勝利が得られる根拠をあたえてくれるのである……

毛沢東が言いたかったのは、まずは優秀な兵器を擁する敵国日本との真っ向勝負を回避し、防御に徹するべきだということであった。毛沢東の戦いの基本は「ゲリラ戦（遊撃戦）」なのは言わずもがなだ。正面攻撃などもってのほかで、逃げているうちに変化が生じ、一気呵成《きかせい》というわけにはいかないが、徐々に中国に有利な戦局に導くことができるのだと説いた。

敵は、その速決計画の安易な実現、中国の全面的征服をくわだてて、卑劣で恥知らずな投降勧告の手段をとったとあるが、このくだりは嫌がうえにも現在のアメリカを意識させる。

当時の日本が投降を呼びかけたごとく、今回のアメリカは中国に不利な協定を呑《の》むように強硬に迫ったと言いたいのであろう。具体的には本書で指摘してきた知的財産・企業秘密の保護、技術の強制移転の禁止、輸出企業に対する補助金などの問題解決のため、中国側がアメリカから法律の改正を求められたことだ。

優劣の関係が逆転する第二段階後期

第一段階では、敵側にも二つの変化がおこる。第一は下向きの変化で、数十万人の死傷、武器弾薬の消耗、士気の阻喪、国内の民衆の不満、貿易の減少、百億円以上の支出、国際世論の非難などの面にあらわれる。

この面でも、われわれに、持久ができ、最後の勝利がえられる根拠をあたえてくれる。しかし、敵の第二の変化、すなわち上向きの変化も見通しておかなければならない。それは領土、人口、資源の拡大である。この点からは、またわれわれの抗戦が持久戦で、速勝できないという根拠が生まれてくるし、同時に、それはまた亡国論や妥協論の根拠として一部の人に利用されるであろう。

だが、われわれは、敵のこの上向きの変化が一時的、局部的なものであることを見通さなければならない。敵は崩壊しようとしている帝国主義者であり、彼らが中国の土地を占領するのは一時的である。

中国の遊撃戦争の猛烈な発展によって、彼らの占領区は、実際上、せまい地帯に局限されるであろう。そのうえ、敵が中国の土地を占領したことによって、さらに日本と他の外国との矛盾がうまれ、深まっている。さらに、東北三省の経験によると、日本にとっては、相当長い期間が、一般的には資本を投下するだけで、収益をあげる時期にはならない。これらのすべては、またわれわれが亡国論と妥協論を撃破し、持久論と最後勝利論を確立する根拠である……

第二段階では、双方の変化は引き続き発展するであろう。その具体的状況は予測できないが、だいたいにおいて日本は引き続き下向きに変化し、中国は引き続き上向きに変化するであろう。

たとえば、日本の軍事力、財力は中国の遊撃戦争で大量に消耗され、国内の民衆の不満はいっそう募り、士気はますます衰え、国際的にはますます孤立感を深める。中国は、政治、軍事、文化および人民の動員の面でますます進歩し、遊撃戦争がますます発展し、経済の面でも、奥地の小規模工業と広大な農業に依拠してある程度の新しい発展をとげ、国際的援助もしだいに増大し、現在の状況にくらべておおいにその面目を改めるであろう。

この第二段階は、相当長い期間を要するかもしれない。この期間には、敵とわが方の力の対比に大きな相反する変化がおこり、中国は次第に上昇していくが、日本は次第に下降していくであろう。そのときには、中国は劣勢から脱し、日本は優勢を失い、まず均衡の状態に達して、さらに優劣の関係が逆になるであろう。

それからは、中国はだいたいにおいて戦略的反攻の準備を終えて、反攻を進め、敵を国土から駆逐する段階に移る。繰り返して指摘すべきことは、劣勢を優勢に変え、反攻の準備を終えるということのなかには、中国自身の力の増大、日本の困難の増大、および国際的援助の増大が含まれており、これらの力を総合すれば中国の優勢が形成され、反攻の準備が完成されるということである……

ちなみに中国国務院のシンクタンクが示したアメリカとの持久戦のロードマップは以下のとおり。

2019〜2020年　戦略の探り合いが続く

2021〜2025年　両国は理性を失い、経済、貿易、科学技術、金融などで大きな摩擦が生じる

2026〜2035年　理性を失った戦いから新たな協力関係を模索する

2035年以降

両国はパートナーシップを構築する

あくまでも私見だが、習近平は中国とアメリカの政治システムを念頭に長期戦を描いたのではないか。トランプは来年には二期目の大統領選挙に当選しなければ、権力の座から下りなければならない。当選したとしても、最長四年しか権力の座にいられない。トランプとしては短期決戦しか狙っていない。

ひるがえって、中国には国民の審判を仰ぐ民主主義のような権力に不利なシステムは存在しない。加えて習近平は憲法改正までして終身国家主席であり続けることを可能にした。この違いが、習近平が持久戦論を呼びかける意味合いとして非常に大きいのではないか。

したがって、今後も時間稼ぎのための譲歩、あるいは反撃は繰り返し行われるにちがいない。六月末のG20でアメリカ側は新たな制裁関税の発動を見送った。加えて、米企業のファーウェイへの輸出（汎用品）を容認するなどこれまでの猛攻とは異なる戦法をとってきた。五月上旬以来閉ざされていた貿易協議も再開されることになった。

いずれにしても習近平には時間はたっぷりとある。第七章の後継者問題のところで記したとおり、一九五三年の生まれの習近平は今年、六六歳になった。彼は最低でも二〇一三年の主席就任から数えて四期二〇年は続けるとみられる。そのときは二〇三三年で、彼は八〇歳になっている。八〇歳まで独裁者として超長期政権を運営してアメリカと戦い、大団円を迎えるつもりらしい。

そうは問屋が卸さないのが世の常なのだが…………。

軍事力と経済力は人間が握るもの

中国は劣勢から均衡に、それからさらに優勢に達し、日本は優勢から均衡に、それからさらに劣勢に移る、中国は防御から対峙に、それからさらに反攻に達し、日本は進攻から保持に、それからさらに退却に移る……これが中日戦争の過程であり、中日戦争の必然のなりゆきである。

そこで、問題と結論は次のようになる。中国は滅びるだろうか。答、滅びない、最後の勝利は中国のものである。中国は速勝できるだろうか。答、速勝することはできない、持久戦でなければならない。この結論は正しいか。わたしは正しいと思う。

ここまで述べてくると、亡国論者と妥協論者がまた飛び出してきて言うだろう。中国が劣勢から均衡に達するには、日本と同等の軍事力と経済力をもつ必要があり、均衡から優勢に達するには、日本を上回る軍事力と経済力をもつ必要がある。だが、それは不可能なことだ。したがって、上述の結論は正しくない、と。

これはいわゆる「唯武器論」であり、戦争問題における機械論であり、問題を主観的、一面的にみる見解である。われわれの見解はこれとは反対で、武器をみるだけでなく、人間の力もみるのである。

武器は戦争の重要な要素ではあるが、決定的な要素ではなく、決定的な要素は物ではなくて人間である。力の対比は軍事力および経済力の対比であるばかりでなく、人力および人心の対比でもある。軍事力と経済力は人間が握るものである。

中国人の大多数、日本人の大多数、世界各国の人びとの大多数が抗日戦争の側に立つとすれば、日本の少数の者が力ずくで握っている軍事力と経済力は、それでもなお優勢だといえるだろうか。それが優勢でないとすれば、比較的劣勢な軍事力と経済力を握っている中国が優勢になるではないか。

中国が抗戦を堅持し、統一戦線を堅持しさえすれば、軍事力と経済力が次第に強化されることは疑いないところである。他方、われわれの敵は、長期の戦争と内外の矛盾によって弱まっていき、その軍事力や経済力もまた必然的に逆の変化をする。

このような状況のもとでも、中国は優勢に転じえないのだろうか。それだけではない。われわれは他国の軍事力と経済力を大量に公然と自分の側の力と見做すことはいまはできないが、将来もできないのだろうか。

もし、日本の敵が中国一国にとどまらないなら、また、将来さらに一国あるいは数ヵ国が、相当大量の軍事力と経済力を持って日本に対し公然と防御または攻撃を行い、公然とわれわれを援助するなら、われわれの側がいっそう優勢になるではないか。

日本は小国で、その戦争は退歩的で野蛮なものであり、その国際的地位はますます孤立したものとなる。中国は大国で、その戦争は進歩的で正義のものであり、その国際的地位はますます援助の多いものとなる。これらのすべてが長期にわたって発展しても、敵とわが方の優劣の形勢が確実に変化するとはいえないだろうか……


以上の記述を見て連想するのは、アメリカに対抗するために発動した硬軟織り交ぜた友好国づくりへのアプローチであろう。トランプ政権が「アメリカ・ファースト」を標榜《ひょうぼう》すると、すかさず習近平は「中国は自由貿易を堅持する」と主張した。これは悪い冗談だと私などは腹をかかえて笑ったものだが、中国はアメリカの覇権を揺るがすように、次々と新しい基軸を打ち出している。

安全保障面での上海協力機構、欧州まで巻き込む形となったインフラ建設の一帯一路、その金融を司るAIIB（アジアインフラ投資銀行）など。AIIBには九〇ヵ国以上が参加しているが依然として透明性、人材面など国際金融機関としての〝クオリティ〟がともなっていないといわれる。

毛沢東の暴論に圧倒されたフルシチョフ

歴史上の戦争は二つの種類に分けられる。一つは正義の戦争であり、もう一つは不正義の戦争である。進歩的な戦争はすべて正義の戦争であり、進歩を阻む戦争はすべて不正義の戦争である。

われわれ共産党員は、進歩を阻む不正義の戦争にはすべて反対するが、進歩的な正義の戦争には反対しない。後者に対しては、われわれ共産党員は反対するどころか、積極的に参加する。

前者、たとえば第一次世界大戦では、双方とも帝国主義の利益のために戦ったので、全世界の共産党員は断固としてその戦争に反対した。反対する方法は、戦争が勃発するまでは、極力その勃発を阻止することであるが、勃発したのちには、可能であるかぎり、戦争によって戦争に反対し、正義の戦争によって不正義の戦争に反対することである。

日本の戦争は進歩を阻む不正義の戦争であって、日本人民をも含めた全世界の人民は、これに反対すべきであり、また現に反対している。わが中国では、人民から政府に至るまで、共産党から国民党に至るまで、みな正義の旗を掲げて、侵略に反対する民族革命戦争を行ってきた。

われわれの戦争は神聖で、正義のものであり、進歩的で、平和を求めるものである。一国の平和を求めるばかりでなく、世界の平和をも求め、一時的な平和を求めるばかりでなく、永遠の平和をも求めるのである。

この目的を達するには、決死の戦いを進めるべきで、どんな犠牲を払っても、最後まで戦いぬく用意がなければならず、目的を達するまで決してやめてはならない。犠牲は大きく、時間は長びくだろうが、永遠の平和と永遠の光明の新しい世界はすでに鮮やかにわれわれの前に横たわっている。

戦いにたずさわるわれわれの信念は、永遠の平和と永遠の光明の新しい中国と新しい世界を勝ち取るということの上に築かれている。

ファシズムと帝国主義は戦争を無期限に引き延ばそうとするが、われわれは戦争をそう遠くない将来に終わらせようとする。この目的のために、人類の大多数はきわめて大きな努力を払うべきである。

四億五千万の中国人は全人類の四分の一を占めており、もしわれわれがともに努力して、日本帝国主義を打倒し、自由平等の新しい中国を創造することができたなら、全世界の永遠の平和を勝ち取るうえでの貢献が、非常に偉大なものとなることは疑いない。

このような希望は虚しいものではない。全世界の社会経済の発展過程はすでにそれに近づいており、これに多数の人びとの努力が加わりさえすれば、何十年かのうちにはきっと目的は達せられるのである……


これはまったくのまやかしである。詭弁《きべん》の天才ともいえる毛沢東は自分の権力を守ることのみに執念を燃やし、そのためにはどんな悪事でも平気でやり通す、正真正銘の権力のガリガリ亡者であった。自らの独裁権力を守りその政治目的を達成するためには、国家の安定や国民の幸福など、彼の眼中には一ミリたりともなかった。

その証左が中国建国後、数千万人の餓死者を出した「**大躍進運動**」の大失敗であり、一〇年にわたり一億人が拷問、投獄、処刑の政治的迫害を受けた「**文化大革命**」という大災禍であった。毛沢東がいかに極悪非道な人間であったかを示すエピソードにこんなものがある。


一九五七年一一月、毛沢東はソ連で開かれた社会主義陣営の各国首脳会議に参加している。毛沢東はこの会議で、当時のソ連共産党フルシチョフ第一書記の提唱する「西側との平和的共存論」に猛烈に反発して次のような過激な「核戦争論」をぶち上げた。

「われわれは西側諸国と話し合いすることは何もない。武力をもって彼らを打ち破ればよいのだ。核戦争になっても別に構わない。世界に二七億人がいる。半分が死んでもあとの半分が残る。中国の人口は六億人だが半分が消えてもなお三億人がいる。われわれはいったい何を恐れるのだろうか」と。毛沢東のこの「核戦争演説」が終わったとき、在席の各国首脳はいっせいに凍りつき、言葉も出なかった。さすがの共産党指導者たちも、「世界人口の半分が死んでも構わない」という毛沢東の暴論に圧倒されて閉口したのであった。

毛沢東時代と比べると軍事力が飛躍的に増大した現在の中国。「世界人口の半分が死んでも構わない」という毛沢東流の狂気を習近平が備えているとしたら、それこそ、日本を含めた周辺国にとっての「民族滅亡」の脅威となる。

閑話休題

利益誘導により「一つの中国」に迎合させられた台湾人

三月二五日、台湾のチェロ演奏者・女優の欧陽娜娜《オーヤン・ナナ》さんが中国の中央テレビで問題発言を行った。彼女はインタビュー出演のなかで何と中華人民共和国のことを「わが祖国」と呼び、「祖国を愛している」と宣言したからである。

つまり彼女は、中国に迎合するあまりに、自分が所属している台湾を公然と否定してしまった。台湾では当然、反発や批判が起きた。

もちろん娜娜さんがこのような言動をとったのには彼女なりの理由がある。彼女はいま中国国内で演奏会を開いたり、テレビドラマに多数出演したりしてかなり有名になっている。だが最近、「ネット紅衛兵」と呼ばれる人々が、噂話《うわさばなし》を根拠にして娜娜さんに「台湾独立派」のレッテルを貼り付けて攻撃を始めた。

中国大陸で芸能活動を展開する娜娜さんにとっては実に深刻な事態だ。中国のなかでいったん「台湾独立派」だと認識されてしまうと、政府当局の圧力や観衆・視聴者のボイコットによって活動ができなくなるからである。

そこで娜娜さんと所属事務所は早速「娜娜は台湾独立派ではない。『一つの中国』を支持している」との声明を発表したが、不十分と思ったのか、彼女自身が中央テレビに登場して、中国政府におもねる、前述の「愛国発言」を行ったのである。

これまでも、台湾籍の芸能人が「台湾独立支持」のレッテルを貼られ、中国国内向けに謝罪したり、陳謝したりするような事態が起きたことがあるが、中国のテレビにまで登場して「迎合発言」を行ったのは初めてのことで、中国当局にとっては大成功である。

このような成功の経験があればおそらくは今後、中国で活動する台湾籍の芸能人や芸術家、あるいは中国市場でビジネス活動を展開する有力な台湾企業に対し、中国政府は同じような手口で踏み絵を踏ませてくるであろう。

「ネット紅衛兵」たちを動員して、言われなき「台湾独立派」のレッテルを貼り付けさえすれば、台湾の人々や企業は怖くなって中華人民共和国を擁護する発言をせざるをえない。そして、「台湾が中国の一部である」という世論が台湾の内部から形成されていくことになる。

こうした「踏み絵工作」と並んで「買収」も今後、中国当局の「台湾工作」の重要な柱のひとつとなろう。ちょうど娜娜さんの中央テレビ出演と同じ時期に、台湾の高雄市の市長が香港・深圳・廈門《アモイ》などの中国都市を歴訪した。

中国政府と各地方政府の高官たちは総出で「熱烈歓迎」したと同時に、中国側が高雄から農産品や水産品などを大量に買うという総額五三億台湾ドル（約一九〇億円）の商談を成立させた。替わりに市長は訪問中、中国政府の意向に沿った形で中台は不可分の領土だとする「一つの中国」原則に基づく「一九九二年合意」の堅持と、「台湾独立」への反対を強調したという。

「爆買工作」は実に巧妙である。「台湾独立反対」の台湾の地方首長を優遇して地方に実利を与えることで、台湾の政治家だけでなく一般市民まで利益誘導によって「独立反対・統一賛成」へと導くことができるからである。

中国の習近平政権は今後このようにして、「踏み絵」や「買収」を含めたあらゆる手段を用いての「台湾工作」を加速化させ、「祖国統一＝台湾併合」を目指していくこととなろう。

それは日本にとっても決して、人ごとではない。台湾が中国に併合されるようなことにでもなれば、日本の地政学的な立場はかなり不利なものとなるからである。

第9章

「第二の江青」誕生の恐怖

誰かの〝添え物〟として生きてきた習近平

中国の美空ひばりのような存在の妻・彭麗媛

産経新聞中国総局特派員として北京に一〇年駐在し、さまざまな特ダネをモノにしたのが矢板明夫記者である。盟友でもある矢板氏とは『私たちは中国が世界で一番幸せな国だと思っていた』（二〇一八年・ビジネス社）という共著本も出している。

その矢板氏が語る習近平評がとにかく秀逸なので、ここでご紹介したい。出典は『2014年の「米中」を読む！』（二〇一四年・海竜社）。アメリカ通のベテランジャーナリスト・古森義久氏との共著のなかで次のように語っている。

必要以上に強気で鳴らす中国共産党トップ・習近平の人物像がさまざま取り沙汰されているが、ひとことに集約するなら、「コンプレックスの塊」のような人だ。自分に自信がないゆえに強くでる、強面《こわもて》にでる場面が多いのもそのためである。

習近平のコンプレックスの源は彼自身の出自にある。父親は言わずと知れた中共建

夫の習近平より怖い！　現代版の西太后！　とも評される彭麗媛だが、真珠好きで、使用している化粧品は資生堂なのだとか。

国時の八大元老の一人で、元副首相の習仲勲。途中で失脚したとはいえ、習仲勲という大物の息子として、特別扱いされて育ってきた。常に習仲勲の威光が自らの足元を照らし続ける典型的な太子党だった。彼の知人によれば、彼は若い頃から「習仲勲の息子」と紹介されることをもっとも嫌がっていたという。

一度結婚に失敗した習近平が次に迎えた妻・彭麗媛《ほうれいえん》もコンプレックスの原因となった。当時福建省の地方官僚だった習近平に対して、彼女は人民解放軍に所属する国民的な人気を誇る歌手で、日本で言うならば美空ひばりのような存在。だから習近平はどこへ行っても「彭麗媛の旦那だ」と言われ、脇役に甘んじるしかなかった。

このように、五〇代で国家副主席になるまで常に大物の関係者としてしか見られてこなかった習近平だから、いずれは自分の実力を世の中に証明したい思いにかられてきたとしてもなんら不思議はない。（略）

裏メディアが伝える習近平の学歴詐称疑惑

習近平の知人の一人は「彼は五〇歳になるまで誰かの〝添え物〟として生きてきた。自分を取り戻したのは国家副主席になってからだ」と指摘する。しかし、彼がポスト胡錦濤に選ばれたのは、江沢民元国家主席ら長老や各派閥にとって都合がよかっただけであって、決して自分を取り戻せたわけではない。

二つ目に、習近平には学力コンプレックスがある。一六歳で下放（下郷運動）された習近平は父親の故郷の陝西省で七年間農業に従事したが、その間勉学を怠ったため、まともな学力が備わらなかった。

その後、父・習仲勲の復権にともない、特別推薦で名門清華大学の化学工程部に入学するが、当然ながら授業にはついていけない。結局、学力のないまま就職、軍長老で副首相の耿飈《こうひょう》の秘書を務めることになる。

習近平のように文革期間中の受験なしのコネ入学組で、基本的に中卒以下の学力しかもたない太子党の数はなまなかではない。一方、現在の李克強首相や有罪判決を受けた薄熙来《はくきらい》などは改革開放以降に受験し直し、実力で北京大学に入ってきた。

よく中国の裏メディアが習近平の学歴詐称疑惑について伝えているが、これは二つあって、一つは、清華大学にコネで入ってコネで出た、大卒相当の学力がないということ。もう一つは、やはりコネによって福建省長時代に清華大学のドクターコースを取得したこと。一〇〇〇キロ以上も離れた北京の清華大学にほとんど通わずドクターになれたのは、同大の党委書記・陳希《ちんき》が大学時代の習近平と同じ寮で生活を共にしていた友人だったからである。習近平の学歴構築をアシストした陳希が現在、中央組織部の常務部長まで出世していることは興味深い。

習近平が抱える三つ目のコンプレックスは、歴代トップが地方で実績を積んで中央に上がってきたのに対して、彼は地方の指導者としてまったくと言っていいくらい実績を残していないことである。官僚として河北省、福建省、浙江省と地方を回ったが、キャリアのほとんどが福建省で、一七年間にものぼる。厦門副市長、福州市党委員会書記を経て二〇〇〇年に福建省長となった。

その当時、最高指導者の鄧小平が号令をかけ、改革開放のモデル地域に指名したのが広東省と福建省だった。広東省の経済が飛ぶ鳥を落とす勢いで伸びていったのに対し、習近平が担当する福建省はまったく鳴かず飛ばず。皮肉なことに、習近平が転勤で福建省を離れると同省の経済がぐんぐん伸びるといった具合で、彼の保守的な性格がいつも裏目に出ていた。

また、習近平は行く先々で大きな汚職事件の発生を許してきた。習近平の上司を務めたある老幹部は「彼の能力はあまり高くない」との評価を下している。

それに対して、同じ太子党でも薄熙来などは地方官僚として国内を転々としながら、それなりに立派な実績を重ねたことでメディアに注目されてきた。この点でも習近平はコンプレックスを抱かざるを得なかった。

以上のように習近平は、その出自、学力不足、地方官僚時代の実績皆無といった三つのコンプレックスを抱えたまま、中国共産党のトップに上り詰めてしまったことになる……

いずれ習・彭夫妻に政治を牛耳られる異常事態が訪れる

関係部門の長を差し置いてビル・ゲイツと会談した国家主席夫人

ところで、習近平主席を刺身のツマのような存在たらしめてきた妻・彭麗媛に関する記事が昨年一一月六日の人民日報の紙幅を割いた。彼女が前日の五日、「WHO（世界保健機関）・結核病とHIV防止親善大使」との肩書で、アメリカの著名実業家であり慈善活動家のビル・ゲイツと会談したというものであった。

これまで彼女は国家主席夫人、つまり中国のファーストレディとして習主席の外遊に同伴したり、習主席が外国元首夫妻を北京に招待した際に元首夫人の相手をしたりするなど外交活動によく参加してきたが、国家主席夫人とは別の肩書で外国の賓客と単独で会談するのはまず異例なことである。

人民日報によると、ビル・ゲイツ財団はこれまで中国政府関係部門と協力して中国国内におけるHIV防止や保健事業の発展に関わってきたことから、彼女は前述の「世界保健機関・結核病とHIV防止親善大使」の肩書で彼と会談したらしい。

それにしても、これは実に奇妙な会談だと思う。彼女の「世界保健機関・結核病とＨＩＶ防止親善大使」の肩書はＷＨＯから任命され与えられたものである。つまりこの肩書は中国政府とは何の関係もなく、決して中国政府を代表しているわけではない。

本来なら、ビル・ゲイツと会談すべきなのは中国の関係部門の長で、たとえば衛生部（省）の部長（大臣）や副部長（副大臣）などであり、国際機構のＷＨＯが任命した「親善大使」云々《うんぬん》ではないからだ。

しかも彭麗媛はこの会談において、「ビル・ゲイツ財団は長期間にわたって中国側の関連部門と良好な関係をつくり、ＨＩＶ防止や保健事業の発展において実り多い成果をあげた」と評価したり、「われわれはビル・ゲイツ財団との協力関係をいっそう強化することを支持する」などと発言した。これらは明らかに中国側を代表して会談に臨んだ姿勢であった。

こうしてみると、この会談が実に異例であることがわかるが、さらに異常にして奇妙なのは、人民日報のこの会談の記事に対する尋常でない扱い方であった。

党内序列三位、四位をも凌駕する権勢を持つにいたった彭麗媛

当日の人民日報の第一面と第二面は習主席関係の記事で埋めつくされていた。

前日の五日、習主席が「中国輸入博覧会」の開幕式に出席したことから、六日の紙面の第一面は全体を使って、このニュースを取り上げて大々的に報じていた。同五日に習主席が開幕式に参加した四名の外国元首・首脳のそれぞれと会談したのを受け、第二面は主にこの四つの会談に関する記事が掲載された。

そしてその日の人民日報の第三面は、「輸入博覧会」における習主席の演説全文を掲載、続いて同演説に対する解説文を掲載したが、それ以外は前述の「彭麗媛・ビル・ゲイツ会談」に紙幅が費やされていた。

つまり、一一月六日の人民日報における第一面と第二面と第三面を通して、国家元首の習主席以外に唯一登場した中国国内の人物は彭麗媛夫人のみであったということになる。

要は「世界保健機関・結核病とHIV防止親善大使」という肩書の彼女は、中国の国家元首に次ぐVIPの扱いとなっていた。その日の人民日報の第一面から第三面まで、「習近平夫婦」に独占されたのである。

そして第四面はどうなっていたのか。びっくり仰天するほどの事態が起きていた。四面でも、外交活動に関するふたつの記事が掲載されており、ひとつは、中国の全国人民代表大会常務委員会委員長の栗戦書《りつせんしょ》がアラブ首長国連邦の国民議会議長と会談した記事であり、もうひとつは中国人民政治協商会議全国委員会主席の汪洋《おうよう》が同じアラブ首長国連邦の国民議会議長と会談した記事であった。

栗戦書と汪洋はともに共産党政治局常務委員、つまり中国共産党最高指導部のメンバーであり、党内序列はそれぞれ第三位と第四位。国家の重職にあるこの二人の「党指導者」が外国賓客と会談した記事が人民日報の第四面に掲載されているのに対し、共産党党内の立場は単なる一ヒラ党員にすぎず、国内の何の公職にも就いていない彭麗媛の記事が同じ日の人民日報の第三面に掲載されていた。これは中国国内の政治常識からすれば、まさに驚天動地の重大事件であった。

格式や序列などをことさらに重要視する人民日報におけるこのような紙面のつくり方は、どう考えても尋常でない。習近平が独占する第一面と第二面と、党内序列三位と四位の人たちが登場する四面との間に、無冠無位の彭麗媛が登場してきた事実は何を物語っているのか？

その暗示するところは、いまの中国の権力中枢において、主席夫人としての彭麗媛はすでに、党内序列三位、四位をも凌駕《りょうが》するほどの権勢を持つようになってきたということであろう。

毛沢東かぶれの習主席次第で第二の江青は登場してくる

そしてこの人民日報記事のもうひとつの暗示するところは、彭麗媛は今後、国家主席夫人としてだけでなく、何らかの立場や肩書でさまざまな政治活動や外交活動に参加して政治の表舞台に登場してくるかもしれない、ということである。

もし本当にこのようなことになれば、それは今後の中国政治における重大事件となるであろう。ただでさえ、いまの習近平主席は絶対的な独裁者として中国政治に君臨している状況であるが、夫人が何らかの形で政治中枢で力を発揮するようなことになれば、それこそは中国の政治はこの夫婦二人に牛耳られる異常事態となり、中国共産党政権は習夫婦によって私物化されてしまうからである。

かつての毛沢東時代、絶対的な独裁者の毛沢東は晩年の文化大革命の一〇年間、夫人の江青《こうせい》女史を政治の中枢に起用して中国の政治をおおいに乱して毛沢東独裁をよりいっそう恐ろしいものにしたという歴史的過去がある。

このような教訓があるからこそ、毛沢東亡きあと、鄧小平や江沢民や胡錦濤などの中国共産党政権の最高指導者は夫人を権力中枢には近づかせず、儀礼上のファーストレディ以上の役割をいっさい与えないことにしていた。

前述の毛沢東にしても、一九四九年に国家主席になって一九六六年に文化大革命が開始するまでの一七年間、江青を政治の世界から完全に排除し、公の場面で顔を出すことすら許さなかった。

毛沢東自身も、夫人が政治に関与してくることの恐ろしさを知っていたからである。案の定、一九六六年に文化大革命が始まり、政敵打倒のために江青を政治の世界に関わらせて存分に暴れさせてから、中国の政治はまさに「一〇年の大災厄」と呼ばれる動乱と内紛の暗黒期に突入した。

習主席は政治路線や指導者としてのスタイルの多くの面でまさに毛沢東の真似をし、「毛沢東回帰」を進めている最中であるが、もし彼が人事の面でも毛沢東同様、自分の夫人以外を信用せず、彭麗媛を政治の中枢に登場させて跋扈《ばっこ》させるようなことになれば、中国の政治はどこまで乱れていくかわからない。そしてそれは、習主席の政治と習近平政権が末路をたどり始めたことを意味する。

中国政治の未来を占うのに、彭麗媛の動向からは目を離せない。

閑話休題

限定的な「言論の自由」があった胡錦濤政権時代

中国ではいま、大学教員に対する当局の言論弾圧・思想弾圧が猛威を振るっている。

昨秋、廈門大学人文学院歴史学部の周運中《しゅううんちゅう》助教授が懲戒免職の処分を受けた。周教授がネット上で「間違った言論」を敷衍《ふえん》したことが理由である。処分を発表した大学当局の通達によると、その言論は「歴史の事実を歪曲し、党と国家のイメージを損なった」から「決して許してはならない」という。

彼の言論は、どのように「歴史の事実」を「歪曲」しているのか。彼のネット上での発言はいまでは完全に削除されているから確認することはできない。

国内検索サイトの「百度百科」に掲載されている彼の経歴を見ると、今年三六歳の周運中は、名門の復旦大学で博士号を取得し、中国社会科学出版社から『鄭和下西洋新考（鄭《てい》和《わ》の南海遠征に関する新しい考察）』という四四万字の大作を上梓《じょうし》した優秀な学者である。

考えてみれば、周教授の「間違った言論」とは、要するに政府当局の公式見解や共産党のイデオロギーとは異なった意見や見識を、一学者として示しただけのことであろう。周は、これで大学助教授の職を失い、学者としての仕事の場と未来を奪われた。

厳しい思想弾圧は、このケースに限られたことではない。同時期に貴州大学経済学院の楊紹政《ようしょうせい》教授が「長期間にわたってネット上で政治的に誤った言論を発表・拡散した」との「罪名」で懲戒免職の処分を受けた。前述のケースと同様、ネット上で意見を発表しただけで教授職を失ったのである。

その少し前、中南財経政法大学公共管理学院の教員が、党籍剝奪《はくだつ》・教員資格取り消しの「厳重処分」を受けている。罪名は「授業でわが国の人民代表制度を妄評し、他国の政治制度を偏って紹介した」ということであった。つまりいまの中国では、教員一人が外国の政治制度を紹介しただけで弾圧を受けなければならないのである。

また、北京建築大学理学院の女性教員は、数学の授業で「日本民族と中華民族を不適切に比較した」という理由で「懲戒譴責《けんせき》」にあたる処分を受けた。おそらく彼女は、日本民族のことを褒めるような「比較」を行ったのであろう。この程度の発言でも、弾圧の対象となるのに十分なのである。

これらは、昨年夏以降、中国の大学で行われた思想弾圧のいくつかの実例である。毛沢東時代とその後の鄧小平時代の両方を体験した中国の知識人なら、いまの状況を見て、きっと心胆を寒からしめたに違いない。

改革開放の鄧小平時代以来、特に以前の胡錦濤政権時代においては、知識人はあからさまな共産党批判を行わない限り、あるいは政権に対して敵対的姿勢を明確に示さない限り、さまざまな問題に対して自分の意見を持つことや発信することはある程度許されていた。限定的な「言論の自由」があったのである。

しかしいまの習近平政権下では、習主席が毛沢東流の個人独裁政治を確立していくにしたがって、思想と言論に対する統制と弾圧も、毛沢東時代に先祖返りした。「毛沢東思想」という一個人の思想をもって全国民の頭脳を統制し、それと異なったいかなる思想も弾圧によって完全に排除するという文化大革命の暗黒支配が再び、中国の現実となりつつある。

唯一の違いは、「毛沢東思想」にとって代わって、いまや「習近平思想」が支配的イデオロギーに祭り上げられていることである。

一個人の「思想」をもって一四億人の頭脳を統制したことの結果は、すなわち、民族全体の思考力と想像力の萎縮《いしゅく》を生み出すことだ。「中華民族の復興」を唱える習政権は結局、「中華民族の衰退」を中国にもたらしていくであろう。

著者略歴

石平（せき・へい）

1962年中国四川省成都市生まれ。1980年北京大学哲学部入学。1983年頃毛沢東暴政の再来を防ぐためと、中国民主化運動に情熱を傾ける。同大学卒業後、四川大学哲学部講師を経て、1988年留学のために来日。1989年天安門事件をきっかけに中国と「精神的決別」。1995年神戸大学大学院文化学研究科博士課程修了。民間研究機関に勤務。2002年『なぜ中国人は日本人を憎むのか』を刊行して中国における反日感情の高まりについて先見的な警告を発して以来、日中問題・中国問題を中心に評論活動に入り、執筆、講演・テレビ出演などの言論活動を展開。2007年末日本国籍に帰化。14年『なぜ中国から離れると日本はうまくいくのか』(PHP)で第23回山本七平賞を受賞。著書に『習近平がゾンビ中国経済にトドメを刺す時』『アメリカの本音を見誤り、中国を「地獄」に導く習近平の狂気』『私たちは中国が一番幸せな国だと思っていた』(ビジネス社)、『「天安門」三十年　中国はどうなる?』（扶桑社)、『なぜ論語は「善」なのに、儒教は「悪」なのか』（PHP）など多数ある。

写真提供・ZUMAPRESS/amanaimages
Imaginechina/amanaimages

アメリカは絶対許さない！
「徹底抗戦」で中国を地獄に導く習近平の罪と罰

2019年9月14日　第1刷発行
2019年10月1日　第2刷発行

著　者　石平
発行者　唐津隆
発行所　株式会社ビジネス社
〒162-0805　東京都新宿区矢来町114番地 神楽坂高橋ビル5階
電話　03(5227)1602　FAX　03(5227)1603
http://www.business-sha.co.jp

印刷・製本　大日本印刷株式会社
〈カバーデザイン〉大谷昌稔
〈本文組版〉茂呂田剛(エムアンドケイ)
〈編集担当〉本田朋子
〈営業担当〉山口健志

ISBN978-4-8284-2132-2

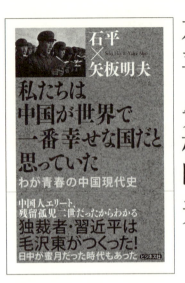